당신이 죽은 1분 후

One Minute After You Die
by Erwin W. Lutzer

Originally published in the U.S.A.
under the title of
One Minute After you Die
Copyright ⓒ 1997 by the Moody Bible Institute
All right reverved

copyright ⓒ 1998 by Timothy Publishing House
a division of PAIDION MISSION

이 책의 한국어판 저작권은 The Moody Bible Institute와의 독점판권 계약에 의해
(주)도서출판 디모데에 있습니다. 신저작권법에 의하여 한국 내에서 보호를 받는 저작물이므로
무단 전재와 무단 복제를 금합니다.

| 일러두기 |
본문의 성경은 한글 개역개정을 사용하였습니다.

세상의 빛을 보지도 못했으나,
지금은 하늘에서
우리 주님의 얼굴을 친히 대하고 있을
소중한 손녀 사라를 기리며…

ONE MINUTE AFTER YOU DIE

차례

머리말   영원으로 오신 것을 환영합니다   7

제1장   커튼 뒤를 들여다보려는 시도   13
        영교 | 환생 | 유사 죽음의 경험

제2장   어둠 속으로 하강   31
        스올 | 하데스 | 연옥

제3장   영광 속으로 승천   49
        떠남 | 안식의 잠 | 허물어지는 장막 | 흥해하는 배 | 영원한 집 | 건강한 슬픔

제4장   어서 오라. 마침내 네가 왔구나!   73
        인성(人性) | 중간 상태 | 부활의 몸 | 유다들의 죽음 | 우리의 원수, 우리의 친구

제5장 새 예루살렘에서의 생활					99
         도성의 크기 | 도성의 재료 | 우리의 새 직업 | 우리의 새 가족 | 새로운 질서

제6장 음부가 지옥에 던져질 때				119
         불신의 이유들 | 대체(代替) 이론들 | 하나님의 정의 | 지옥을 가리키는 헬라어 |
         지옥의 특징

제7장 당신을 위해 커튼이 열릴 때				145
         자살 | 하나님의 섭리에 대한 믿음 | 어떻게 죽음을 맞이해야 하는지에 대한 교훈

제8장 내일 당신이 있을 곳을 오늘 아는 것			169
         하나님이 요구하시는 것 | 확신

| 머리말 |

영원으로 오신 것을 환영합니다

죽음의 커튼 뒤로 들어선 1분 후에, 우리는 우리를 두 팔 벌려 환영하시는 그리스도를 만나던지, 아니면 세상에서는 결코 알지 못하였던 어둠을 처음으로 보게 될 것이다. 어느 쪽이든 우리의 미래는 돌이킬 수 없을 것이며 영원히 변하지 않을 것이다.

C. S. 루이스(C. S. Lewis)는 말한다. "모든 인간은 고상한 존재, 상상을 초월하는 고상한 존재가 되거나, 그렇지 않으면 구속(救贖)을 초월하는 악한 존재가 되는 과정 속에 있다." 그는 또한 우리에게 이렇게 권고한다. "당신이 지금 알고 지내는 사람 가운데 가장 둔하고 가장 재미없는 사람이 어느 날 당신에게 경배하고 싶은 유혹을 줄 정도의 어떤 존재가 되거나, 혹은 악몽에서나 볼 수 있는 공포스럽고 끔찍한 존재가 될 수 있다… 평범한 사람들은 없다… 우리

가 함께 농담하고, 일하며, 결혼하고, 윽박지르며, 이용하는 사람들은 모두 불멸의 존재들이다. 불멸의 공포거나 영원한 광채의 존재들인 것이다."[1]

천국에 들어간 사람들은 땅에서 가까이 지내던 친구들로 둘러싸일 것이다. 한때 죽음으로 무참하게 좌절되었던 우정이 중단될 수 밖에 없었던 그곳에서 다시 계속될 것이다. 이전에 들었던 천국에 대한 모든 묘사는 찬란한 실체 앞에 빛을 잃을 것이다. 그리고 이 모든 것은 영원할 것이다.

천국에 들어가지 못한 다른 사람들은 어둠에 둘러싸인 채, 박탈감과 상실감으로 몸부림치며 끝없이 후회하게 될 것이다. 손상되지 않은 채 고스란히 남아있는 기억과 느낌들과 더불어, 자꾸만 생각나는 지상에서 보냈던 삶의 모습들 때문에 한없이 괴로울 것이다. 그들은 친구와 가족과 친척들을 그리움으로 회고할 것이다. 또한 낭비한 기회들을 곰곰이 생각할 것이며, 그들의 미래는 희망도 없고 끝도 없다는 것을 직관적으로 알게 될 것이다. 그들에게 있어 죽음은 이전에 상상한 것보다 훨씬 더 나쁠 것이다.

그래서 친척과 친구들이 관과 장지(葬地)와 관을 멜 사람들을 구하며 우리의 장례를 준비하고 있을지라도, 우리는 이전 어느 때보다 훨씬 더 분명하게 살아있을 것이다. 우리는 천사들과 구속받은 사

---

1. C. S. Lewis, "The Weight of Glory," in The Weight of Glory and Other Addresses, rev. and exp. ed. (New York: Macmillan, 1980), 18-19.

람들로 둘러싸인 보좌에 앉으신 하나님을 뵙거나, 아니면 말로 형용할 수 없는 죄책감을 느끼며 버림받았음을 알게 될 것이다. 이 두 극단 사이에 중간 지역은 없다. 끝없는 기쁨이나 끝없는 슬픔 둘 가운데 하나다.

한 곳에서 다른 곳으로 이동할 수도 없을 것이다. 아무리 세월이 끝없어도, 아무리 그 부르짖음이 절실할지라도, 아무리 그 고통이 극심할지라도, 우리가 이동할 수 있는 공간은 현재 있는 그곳으로 제한된다. 어둠의 지역에 있는 사람들은 결코 끝없는 빛과 황홀로 인도하는 문으로 들어갈 수 없을 것이다. 그들은 자신들을 기리는 추도사의 아름다운 말들이 그들이 현재 당면한 실자와 전혀 상관이 없다는 것을 알게 될 것이다. 다만 친구들이 지금의 그들을 볼 수 있기만을 바랄 것이다.

인디애나 주의 한 묘지에는 다음과 같은 비문이 새겨진 오래된 비석이 있다.

> 내 곁을 지나는 낯선 이여, 잠시 멈추어 서시오.
> 나도 한때는 지금의 당신과 같았다오.
> 언젠가 당신도 지금의 나와 같아질 것이오.
> 그러니 죽음을 준비하고, 나를 따르시오.

이것을 본 어떤 사람이 그 아래 이렇게 써놓았다.

나는 무턱대고 당신을 따를 수 없소.
당신이 어느 길로 갔는지를 알기 전까지는.

최근에 나는 두 차례 장례식을 인도했다. 첫 번째는 그리스도를 위해 희생적인 봉사의 삶을 산 그리스도인 여성의 장례식이었다. 그 유족들의 얼굴에는 승리감으로 인한 담담함이 넘쳐났다. 거기에는 억누를 수 없는 기쁨이 슬픔과 혼합되어 있었다.

두 번째는 고속도로에서 교통 사고로 숨진 한 불신자의 장례식이었다. 유족들의 슬픔은 절망과 무기력으로 인해 더 가중되었다. 그들은 위로받기를 거절했다.

당신과 나는 이 두 사람을 따라 무덤에 갈 것이다. 그리스도께서 우리가 살아있는 동안에 재림하지 않으신다면, 우리는 모두 햄릿이 '그 경계에서 아무 여행자도 돌아온 적이 없는 미지의 나라'로 묘사한 그 철문을 통과할 것이다.

우리가 가야 할 최종 목적지에 관해 생각해보는 것은 우리에게 거리 감각을 준다. 지구에서 가장 먼 행성까지를 줄자로 잰다고 상상해보라. 우리가 이곳에 머무는 기간은 털끝같이 짧으며, 그 줄자의 길이에 비하면 거의 눈에 띄지도 않을 것이다. 엄격히 말해 어떤 거리도 영원과 비교될 수 없다. 우리가 영원을 아무리 끝없이 상상할지라도 그 상상은 영원에 대해 결코 충분할 수 없다.

우리 모두는 현명한 투자를 하기 원한다. 시쳇말로 '최고의 수익'을 얻기 원한다. 가장 좋은 투자 대상은 안전하고 영구적인 것들이다. 만약 우리가 현명하다면, 영원히 있는 것을 위해 준비하는 데 우리의 시간을 사용할 것이다. 삶이 영원을 준비하는 것 외에 다른 무엇일 수 있겠는가?

최근에 나는 아래층이 불타고 있는 줄도 모른 채 높은 아파트 옥상에서 신나게 파티를 즐기던 사람들의 비극적인 이야기를 읽었다. 마찬가지로 많은 사람들이 그들에게 죽음이 불가피할 뿐 아니라 그들이 생각하는 것보다 훨씬 더 가까이에 있다는 사실을 무시한 채 생을 즐기고 있다. 우리가 이 세상에서 무엇을 위해 분투하든지 그것은 반드시 일시적이다. 이 세상과 우리가 축적한 모든 것은 결국에는 불타버릴 것이다. 비록 우리의 삶에 불확실한 점들이 많이 있을지라도, 이것만은 확실하다.

얼마 전에 나는 서점에서 여행 서적 칸을 구경하고 있었다. 여행을 하려는 사람들이 하와이와 유럽을 비롯한 여러 나라에 관한 지도와 안내서들을 구입하고 있었다. 어떤 사람들은 몇 마디 외국어를 하는 데 도움이 되는 책자를 사기도 했다. 확실히 그들은 돈을 저축하고, 휴가 계획을 세워 비행기 표를 샀을 것이다. 단 얼마간의 여행을 위해서 말이다.

나는 그들 가운데 얼마나 많은 사람들이 자신들이 가야 하는 최종 목적지에 관해 적어도 그 정도의 관심을 기울이고 있는지 궁금했다. 또한 얼마나 많은 사람들이 천국의 안내서를 읽고, 지도를 연구하며, 그 언어를 배우고자 하는지 궁금했다. 유럽과 하와이는 보이지 않는 죽음의 세계에 비해 훨씬 더 실제적으로 보였을 것이다. 그러나 심지어 그들이 휴가를 계획하는 그 동안에도, 그들은 보다 먼 목적지를 향해 가고있는 중인 것이다.

이 책의 목적은 죽음 이후의 삶에 관해 성경이 말하는 바를 연구하는 것이다. 이 책을 읽는 사람들 가운데 많은 사람들은 안심하게 될 것이나, 불안함을 느끼는 사람들도 있을 것이다. 모든 사람이 교훈을 받기 바란다. 나는 어떤 특별한 계시를 주장하려는 것이 아니라, 단지 성경이 말하는 바를 정확하게 설명하고 싶다.

하나님께서 나로 하여금 천국을 너무나도 매력적인 곳으로 보이게 하셔서 천국에 들어갈 준비가 된 사람들이 그곳에 가기를 손꼽아 기다리게 만드시기를 기도한다. 또 내가 지옥을 너무나도 두려운 곳으로 보여주어서 죽을 준비가 되지 않은 사람들이 재빨리 '다가올 진노'에서 그들을 보호할 수 있는 유일하신 분을 의지하게 되기를 기도한다.

하나님께서 우리를 마지막에 부르실 때, 우리의 원수인 죽음도 우리의 친구가 될 수 있다. 우리는 그가 어둠을 밝히기 위해 우리에게 한 줄기 빛을 주신 것을 기뻐할 수 있다. 죽음은 광대한 미지의 세계로 무기력하게 뛰어드는 것이 아니다. 그렇다면 우리가 죽은 1분 후에 우리는 무엇을 기대할 수 있는가?

제1장
커튼 뒤를 들여다보려는 시도
영교 | 환생 | 유사 죽음의 경험

　암으로 투병 생활을 하던 마지막 몇 달 동안 재클린 헬톤 Jacquelyn Helton은 일기를 썼다. 그녀는 자신의 생각과 느낌들을 남편 탐과 이제 겨우 18개월 된 딸 제니퍼에게 유산으로 물려주고 싶었기 때문이다.

　재클린의 일기를 들여다보면 그녀는 죽음이 어떨지를 궁금해한다. 장례를 위해 무슨 옷을 입어야 하는가? 또한 딸을 생각한다. 누가 그 아기를 사랑해줄 것인가? 누가 그 아기를 재워줄 것인가? 재클린은 일기에서 제니퍼에게 언젠가 마음이 상할 때마다 엄마가 있었다면 반드시 그녀를 돌보아주었을 것을 기억하라고 당부한다. 그 다음 재클린은 남편과 자신이 떠나고 난 후 그가 느낄 허전함들에 대해 생각한다.

마침내 재클린은 부르짖는다. "하나님, 도대체 어떻게 이러실 수 있어요? 우리는 보이 스카우트처럼 아무 일이나 척척 할 수 있는 사람들이 아니라구요. 이런 일이 일어나게 하시다니 당신은 정말 너무 잔인해요!"

부인否認과 분노와 두려움과 우울과 절망적인 체념… 이 모든 감정들이 죽음을 대면하는 영혼들 속에 한꺼번에 터져나온다. 아무리 죽음이 인류에게 공통적으로 일어나는 일일지라도, 각 사람은 이 궁극적인 불명예를 개인적으로 감수해야 한다. 아무도 우리를 위해 이 순간을 대신 견뎌줄 수 없다. 가족과 친구들은 오직 커튼이 있는 곳까지만 같이 갈 수 있다. 그 휘장 뒤로는 죽는 사람 혼자서 사라져야 한다.

당연히 재클린은 그 닫힌 구역을 대면하면서 염려하지 않을 수 없었다. 그녀는 그 가리운 휘장 뒤에 있는 신비에 관해 생각했다. 그녀는 두려워할 필요가 없다는 것을 확신시켜 줄, 미래에 대한 어떤 통찰이나 단서를 얻기 원했다. 그러나 그녀의 호기심도, 살고 싶은 욕구도 그녀가 그 커튼을 지나 혼자 어둠 속으로 가야 하는 사실을 막을 수는 없다. 그녀는 또렷한 의식을 가진 채, 아는 사람 하나 없는 어느 어두운 동굴에 혼자 있을 것인가?

탐 하워드Tom Howard는 죽음 앞에서 우리는 코브라 앞의 암탉과 같다고 말한다. 가장 과감하고 결정적인 행동이 필요해 보이는 순간에 전혀 아무것도 하지 못한다는 것이다. "사실 우리가 할 수 있는 일은 아무것도 없다. 우리가 무슨 말을 하고 어떻게 춤을 추든,

우리는 곧 한 더미의 깃털과 뼈를 남긴 채 주위의 나머지 다른 잔해들과 동일하게 될 것이다. 우리가 그 원수를 침착하게 맞던, 비명으로 맞던, 승리에 찬 기쁨으로 맞던, 그것은 조금도 중요하지 않을 것이다. 다만 거기에 우리가 있을 것이다."[1]

죽음 저편에서 일어날 일에 대해 우리가 미리 알고 싶어하는 것은 당연하다. 인간의 자연스러운 본성으로, 우리는 그 경계를 막 지나려 하는 사람들로부터 어떤 단서나 힌트를 얻으려 한다. 우리는 특히 모든 것이 잘되리라는 희망적인 말을 듣기를 갈망한다. 텔레비전 연기자 마이클 랜던Michael Landon, '초원의 집'과 '보난자' 출연은 임종 시에 친구들에게 두려움을 없애주고 그로 하여금 저편에서 일어날 일을 기대하도록 만든 한 '밝고 흰 빛'을 보았다고 고백했다. 그는 자신의 표현으로 '대단한 경험'을 기대하면서 평온하게 죽었다.

환생과 변화된 의식 상태와 천국과 같이 형이상학적인 장소에서의 즐거운 재결합들은 텔레비전 산업의 인기있는 주제들이다. 라르고 엔터테인먼트Largo Entertainment의 최고 경영자 래리 고든Larry Gordon은 말한다. "사람들은 그들의 기분을 좋게 하는 무엇을 찾고 있다. 우리는 모두 죽음이 그리 나쁘지 않다고 믿기 원한다."[2] 많은 영화들이 사후死後의 생의 매력을 그리고 있다. 어떤 사람은 "저편에 적어도 한 번의 웃음은 있다"고 광고했다.

---

1. Tom Howard, Christianity Today, 29 March 1974, 31.
2. Martha Smilgis, "Hollywood Goes to Heaven" Time, 3 June 1991, 70.

죽음에 대한 두려움은 모든 사람이 행복하게 재결합하게 된다는 내세에 대한 지복至福의 정서들로 대체되었다. 심판은 없으며, 지난 생에 대해 면밀히 검토하고 반성하는 시간조차 없다. 확실히 죽음은 신비롭지만 그럼에도 두려워할 것은 아니다. 사후 세계에 관한 이런 긍정적인 평가에 비추어본다면, 우리는 일부 사람들이 거기에 예정보다 일찍 도착하기를 원하는 것에 놀라지 말아야 한다.

죽음의 커튼 뒤를 보고 왔다는 보고들은 어느 정도 믿을 만한가? 많은 사람들은 이제 영혼이 육체의 죽음 후에도 존재한다는 설명 외에는 달리 설명할 수 없는, 과학적으로 불가사의한 경험들이 영혼의 불멸성을 확증한다고 확신한다. 우리는 영혼이 육체의 사후에도 존재한다는 것에는 동의하지만, 그들이 저편에서 보고 들었다는 것을 말하는 사람들에게 과연 얼마나 믿을 만한 정보를 얻을 수 있는가?

우리가 그 신비의 휘장 속으로 사라질 때 모든 것이 잘되리라고 우리를 확신시키는 데 사용되는 세 부류의 증거들을 살펴보자.

영교(channeling)

어떤 사람들은 자신이 죽은 사람과 대화를 나눈다고 주장한다. 「저승 The Other Side」이란 책에서 제임스 A. 파이크 James A. Pike 는 자살한 그의 아들과 접촉한 방법을 상세하게 기술했다. 그는 무당을 통해 아들과 여러 가지 광범위한 대화를 나누었다고 말하고 있다.

"전 시험에 떨어졌어요. 아버지를 뵐 면목이 없어요. 잘 살아갈 자신이 없어요." 파이크의 아들은 되풀이해서 말했다. "전 혼란스러워요… 전 지금 연옥에 있지 않고 지옥 같은 데 있어요… 그렇지만 아무도 여기서 저를 책망하지는 않아요."[3] 예수는 모범적인 인물이기는 하지만 구세주는 아니라고 그 소년은 말했다.

놀라운 일은 파이크의 친구로 수개월 전에 죽은 저명한 신학자 폴 틸리히 Paul Tillich 가 영으로 나타났다는 것이다. 파이크는 처음에 무심코 듣다가 무당의 입술을 통해 나오는 죽은 친구의 독일어 악센트를 분간하고 그인 줄 알았다는 것이다.

이런 증거를 어떻게 해석해야 하는가? 자유주의 신학자인 파이크는 귀신들이 죽은 사람을 흉내내어 산 사람이 죽은 사람과 대화할 수 있다는 착각을 일으키게 한다는 사실을 깨닫지 못했다. 이런 영들은 사람들이 살아있을 때 개개인을 면밀하게 관찰하기 때문에 죽은 사람의 생에 대해 놀라운 지식을 갖고 있다. 그들은 속임수의 능력으로 죽은 사람의 목소리와 개성과 심지어 모습까지 흉내낼 수 있다. 흠정역 King James Version 성경에서는 실제로 무당을 '친숙한 영들 familiar spirits'을 가진 자들로 번역한다 레 19:31, 20:6, 27, 신 18:11. 이것은 일부 귀신들이 개개의 사람들과 친숙하다는 것을 암시한다.

때로 사무엘과 사울의 이야기가 죽은 사람과의 의사소통을 정

---

[3] James A. Pike, The Other Side(New York: Doubleday, 1968), 115.

당화하는 데 사용된다. 이 놀라운 사건에서 사무엘이 죽은 사람 가운데서 돌아온 것으로 보이지만, 그것은 엔돌의 신접한 여인에 의해서가 아니었다. 하나님이 이 기적을 일으키신 것으로 보인다. 왜냐하면 오직 이것만이 그 신접한 여인이 왜 그토록 놀랐는지를 설명할 수 있기 때문이다 삼상 28:3-25.

우리는 사무엘의 목소리가 이 여인의 입을 통해 나오지 않았다는 점을 기억해야 한다. 이 엄청난 기적에서 사무엘과 사울은 서로에게 직접 말했다. 더구나 전능자 하나님은 죽은 선지자에게 물으려는 사울의 필사적인 시도를 기뻐하지 않으셨다. 사울이 자신과 그의 아들이 바로 그 이튿날 죽으리라는 심판의 예언을 들은 것은 당연했다. 예언은 그대로 성취되었다. 하나님은 죽은 자와 대화를 시도하는 것을 한결같이 정죄하신다 신 18:11-12.

그러므로 우리는 아무도 우리의 죽은 삼촌이나 사촌 또는 조모와 이야기한 적이 없다는 것을 확신할 수 있다. 그러나 죽은 자를 흉내내는 영들이 있다. 그들이 실제로 사랑과 종교의 가치에 대해 말하거나 또는 그리스도에 대한 우호적인 언급을 할 수 있기 때문에, 그들의 속임수는 혼합적이다. 물론 그들은 경솔한 사람들을 속이기에 충분할 만큼 죽은 사람에 대해 알고 있다.

죽은 자의 인격으로 가장할 수 있는 귀신들의 이 능력은 우리가 유령이 출몰하는 집들을 이해하는 데 도움을 준다. 내가 캘거리 부근의 한 호텔에 머물렀을 때, 한 지방신문이 적어도 두 명의 유령이 그 아름다운 건물에 있다는 이야기를 실었다. 한 호텔 직원이 우리에게 이 유령들 가운데 하나가 살고 있는 호텔 직원들의 증언에 의하면 대리석 계단을 보여주었다. 수년 전에 갓 결혼한 한 신부가 그 계단에서 넘어져 머리를 다쳐 죽었는데, 그녀의 영이 지금 그 계단에 살면서 정기적으로 출몰한다는 것이었다.

이런 현상을 어떻게 설명해야 하는가? 악령이 들었던 사람이 죽으면 이 귀신들은 다시 자리를 잡을 필요가 있다. 때때로 그들은 어떤 사고가 일어났던 그 장소를 택한다 이것은 특히 살인이나 자살과 같은 폭력적인 사망 사건일 경우에 더욱 그러한 것으로 보인다. 그리고 그들은 죽은 사람의 이름과 성격을 가장하여 가끔씩 출몰한다. 이런 존재들은 종종 '친근한 유령' 처럼 보이려고 애쓰는 악한 영들이다.

죽은 자와 접촉하려고 시도하는 것은 광명의 천사로 가장한 어둠의 세력과 교제하는 길을 여는 것이다. 이사야 선지자는 무당에게 묻는 것이 하나님께 등을 돌리는 것이라고 백성들에게 경고했다. "어떤 사람이 너희에게 말하기를 주절거리며 속살거리는 신접한 자와 마술사에게 물으라 하거든 백성이 자기 하나님께 구할 것이 아니냐 산 자를 위하여 죽은 자에게 구하겠느냐 하라 마땅히 율법과 증거의 말씀을 따를지니 그들이 말하는 바가 이 말씀에 맞지 아니하면 그들이 정녕 아침 빛을 보지 못하고"사 8:19-20.

그 요지는 물론 무당이나 영매자에게서 나오는 사후 생에 관한 정보는 모두 믿을 수 없다는 것이다. 죽음에 관한 지식을 얻고자 밀교를 찾는 자들은 잘못된 길로 가고있는 것이다. 사후에 생이 있는 것은 확실하다. 그러나 우리가 사기와 기만을 주된 기쁨으로 삼는 귀신들로부터 사후 생의 세세한 점들을 배울 수는 없다. 파이크의 아들이 말한 내용이 신학적으로 그토록 뒤죽박죽인 것은 놀라운 일이 아니다.

우리는 저편에 있는 자들과 교통함으로써 커튼 뒤를 들여다볼 권리를 가지고 있지 않다. 그 커튼은 여행자를 받아들이기 위해 한 번 열리면 곧 닫힌다. 우리가 그 휘장 뒤를 들여다보려고 시도해서는 안 된다.

환생(Reincarnation)

사후의 생에 관해 정보를 준다고 주장하는 또 다른 형태의 밀교는 환생이다. 이 교리는 우리가 계속하여 돌고 돈다고 가르친다. 죽음은 이 몸에서 저 몸으로 옮기는 과정에 불과한 것이다. 셜리 맥레인Shirley MacLaine은 우리가 죽음이 존재하지 않다고 선포함으로써 죽음의 두려움을 제거할 수 있다고 주장한다. 맥레인에 의하면 영계와의 접촉을 통해 전생에 자신이 아틀란티스의 공주였고, 페루의 잉카 인디언이었으며, 심지어 코끼리에 의해 양육된 어린이였다는 것을 알았다. 일부 전생들에서 그녀는 남성이었으며, 다른 전생들에서는 여성이었다.

내가 비행기에서 만난 한 여성은 자신이 어린아이였을 때 이전에 한 번도 방문한 적이 없는 버몬트의 한 집에 대해 매우 세세하게 알았다고 말했다. 후에 어른이 되어 그 집을 방문했을 때, 그 세세한 점들이 완전히 일치했다. 그러자 그녀는 자신이 18세기에 그곳에 살았었다고 확신하게 되었다. 나는 영혼의 이주 같은 것은 없으나, 귀신들의 이주는 있다고 지적했다. 그녀는 악한 영들로부터 18세기 가족들에 관한 지식을 얻고 있었다.

"그렇지만 전 악한 영들과 전혀 관계가 없어요." 그녀가 항의했다. "저에게 말하는 것은 선한 영들뿐이에요."

"당신은 선한 영들과 악한 영들을 어떻게 구분하시죠?" 내가 물었다.

"저는 빛을 입고 오는 영들과만 교통해요."

나는 그녀에게 고린도후서 11장 13절부터 14절을 상기시켰다. "그런 사람들은 거짓 사도요 속이는 일꾼이니 자기를 그리스도의 사도로 가장하는 자들이니라 이것이 이상한 일이 아니니라 사탄도 자기를 광명의 천사로 가장하나니." 실제로 악한 영들은 빛으로 나타난다.

그녀의 경험과 그와 유사한 다른 경험들은 환생을 입증하는 것이 아니라, 오히려 모든 시대의 사람들이 귀신의 활동에 의한 피해자가 될 수 있다는 것을 확증한다. 심지어 어린아이들도 때로 그들의 부모나 조상들로부터 귀신의 영향이 가미된 어떤 특질들을 물려받는다는 증거가 있다. 몇 개월밖에 되지 않은 아기들이 그 짧은 생애에서 결코 개인적으로 배울 수 없었을 불경하고 음란한 말들을 웅얼거렸다는 보고가 있는데, 이것이 그 이유에 대한 설명이 될 수 있다.

모든 종류의 밀교는 사후에 일어나는 일에 대한 정보의 믿을 만한 출처가 아니다. 그것은 단지 영의 세계, 속임과 기만의 세계가 존재한다는 것을 입증할 뿐이다. 하나님은 모든 종류의 밀교를 가증한 것으로 간주하신다 레 19:31, 신 18:9-12, 사 8:19-20, 고전 10:14-22.

셜리 맥레인이나 다른 어떤 구루 guru 도 우리에게 영원에 관해 말할 자격이 없다. 아무도 자신이 환생했다는 것을 입증할 수 없다. 우리가 들어갈 때 그 커튼은 열리지만, 일단 그것은 닫히면 우리가 돌아 나올 수 있도록 다시 열리지 않는다.

유사 죽음(near-death)의 경험

어떤 사람들은 그들이 죽었다가 우리에게 사후의 생에 대한 정보를 주기 위해 다시 돌아왔다고 주장한다. 1976년에 레이몬드 무디 Raymond Moody 는 「삶 이후의 삶 Life After Life」에서[4] 거의 죽었다가 소생한 많은 사람들과 면담한 내용을 기록했다. 그들의 이야기에는 대부분 다음과 같은 비슷한 요소들이 있다. 환자 자신이 죽었다는 선고를 듣는다. 그는 몸에서 빠져나와 의사들이 그의 시체를 검사하는 것을 본다. 이런 상태에서 그는 죽은 친척이나 친구들을 만나

---

4. Raymond Moody, Life After Life(Covington, Ga.: Mockingbird, 1975).

고, 그 다음 어떤 '빛의 존재'를 만난다. 자신의 몸으로 돌아가야 한다는 것을 인식했을 때, 그는 그를 감싼 사랑과 평안의 분위기 때문에 돌아가고 싶지 않으나 마지못해 그렇게 한다.

멜빈 모스Melvin Morse는 「빛으로 더 가까이Closer to the Light」에서 유사 죽음의 경험을 한 사람들에 대한 이야기를 다루고 있다. 이들의 이야기들은 아주 많은 부분이 비슷하며, 거의 모든 경우에 매우 긍정적이다. 어떤 심각한 신장병으로 급히 병원을 찾은 16살 난 소년의 예가 전형적이다. 응급실에서 소년은 의자에 푹 쓰러졌다. 간호사가 맥박을 찾았으나 맥박이 뛰지 않았다. 그러나 다행히 그는 다시 소생했다. 후에 소년은 다음과 같은 초자연적인 경험을 이야기했다.

> 터널의 어느 지점에 이르렀을 때, 갑자기 빛들이 내 주위에서 빛나기 시작했다. 그 빛들로 인해 내가 어떤 터널 속에 있는 것을 알았으며, 터널을 내가 한 시간에 수백 마일로 가고 있다는 것을 알았다.
> 그때 나는 또 누군가가 나와 함께있는 것을 알았다. 그는 2미터가 넘는 키에, 길고 흰 가운을 입었으며, 허리에 간단한 띠를 두르고 있었다. 그의 머리는 금빛이었으며, 그는 아무 말도 하지 않았지만, 나는 그가 사랑과 평안을 발산하고 있는 것을 느낄 수 있었기 때문에 두렵지 않았다.
> 그는 그리스도는 아니었다. 그러나 나는 그리스도가 그를 보내신 것을 알았다. 그는 아마 그의 천사들 중 하나거나 나를 천국까지 데려오도록 파송된 이였을 것이다.[5]

최근에 베티 이디Betty Eadie는 「빛으로 둘러싸여 Embraced by the Light」에서'6 자신이 '저편'을 방문한 것에 대한 괴상한 설명을 하고 있다. 그녀는 그리스도를 보았다고 주장하며, 심지어 자신의 책을 그리스도께 헌정했다고 한다. "빛이신 나의 주 예수 그리스도께. 내가 가진 모든 것은 그에게서 나왔다. 그는 내가 의지하는 지팡이. 그가 없으면 나는 쓰러질 것이다." 그럼에도 그녀가 우리에게 말하는 그리스도는 신약 성경의 예수님이 결코 아니다.

이디의 예수님은 그녀의 '빛'이 멈추고 그의 빛이 시작한 곳에서 그녀를 둘러싼 어떤 인정 많은 '빛의 존재'다. 그녀는 예수님이 성부와 분리되며, 그녀를 책망하는 일은 조금도 하지 않으실 것으로 말한다. 우리 인간이 죄를 지은 피조물이 아니기 때문에, 과거의 행위를 후회할 이유도 전혀 없다고 말한다. 사실 인간의 '영靈 존재들'이 창조 때 하나님 아버지를 도왔다고 말한다. 결론적으로 이디는 다행히 세상은 우리가 생각하는 대로 비극으로만 가득 차 있지 않으며, 그리스도 앞에서 "나는 내가 그를 껴안을 자격이 있다는 것을 알았다"[7]고 말한다.

이런 경험들은 무엇을 입증하는가? 확실히 그것들은 사망시에 영혼이 육체에서 분리되는 것을 확증하는 것으로 보인다. 몇몇 환

---

5. Melvin Morse, Closer to the Light(New York: Ivy, 1990), 33.
6. Betty J. Eadie and Curtis Taylor, Embraced by the Light(Placerville, Calif.: Gold Leaf, 1992).
7. 같은 책.

자들은 의사들이 그들의 시체 위에 구부려 살피고 있는 것을 보았을 뿐 아니라, 병원의 다른 장소들에서 일어나고 있는 일들도 볼 수 있었다. 이것은 영혼이 실제로 몸을 떠나 다른 시각에서 땅을 보지 않으면 불가능할 것이다.

우리는 생사의 갈림길에서 사람이 그리스도를 볼 수 있다는 것을 믿을 수 있다. 스데반이 돌에 맞아 죽기 전에, 하나님은 그에게 천국을 얼핏 보여주셨다. 스데반은 말했다. "보라 하늘이 열리고 인자가 하나님 우편에 서신 것을 보노라"행 7:56. 이 경험은 스데반이 죽을 때가 아니라 죽기 전에 일어난 점에서 독특했다. 그것은 하늘이 그를 맞이하기 위해 기다리고 있다는 확실한 격려였다.

어떤 이들은 자신이 실제로 죽었었다고 생각하지만, 사도 바울도 유사한 경험을 했다. 그는 낙원으로 이끌려가서 '사람이 가히 이르지 못할' '말할 수 없는 말을' 들었다고후 12:4. 그가 이 내용을 고린도 교회에 쓰면서 그것이 14년 전에 일어났다고 말하고 있는 것으로 보아, 그 사건이 루스드라에서 돌에 맞아 죽은 줄 알고 성 밖으로 내쳐진 경험과 일치할 수도 있다행 14:19-20. 만약 그가 실제로 죽었다가 다시 살아났다면, 이 설명은 유사 죽음의 경험이거나 심지어 '죽음에서 부활한' 경험으로 분류될 수 있을 것이다.

만약 스데반이 죽기 전에 우리 주님을 보았고, 바울이 죽어서 낙원으로 이끌려갔다면, 다른 신자들 역시 그와 같은 환상을 보는 것이 가능하다. 그리스도나 또는 오래 전에 죽은 친척들을 보았다는 보고들이 어느 정도 타당성을 가질 수 있다. 우리는 그와 같은 경험들을 기대해서는 안 되지만, 그런 일들이 일어날 가능성은 있는 것이다.

그러나 문제는 사람들이 커튼 뒤에서 보았다고 주장하는 내용을 우리가 함부로 받아들일 수 없다는 점이다. 유사 죽음의 경험들은 죽음 너머에 있는 생의 진정한 상태들을 반영할 수도, 그렇지 않을 수도 있다. 우리는 그것들이 후생(後生)에 대한 성경의 그림과 일치하는지 그렇지 않은지 주의 깊게 평가해야만 한다. 또 저 너머에서 보고 들었다는 것을 말하는 사람들의 이전의 신앙 역시 그들이 경험한 바를 평가하는 데 필수적이다.

사탄이 하나님께서 스데반과 바울에게 주신 것과 동일한 긍정적인 경험들을 불신자들에게 복제할 수 있다는 점을 기억하라. 이것은 매우 중요하다. 그 위대한 사기꾼은 사람들로 하여금 그들과 예수님의 관계가 모든 사람 앞에 예비된 아름다움과 축복과 전혀 관련이 없다고 생각하도록 만들기 원한다. 만약 그리스도로 인해 의롭게 된 자들을 천사들이 기다린다면, 하나님의 용서와 용납 없이 영원에 들어간 자들을 악한 영들이 기다린다는 것은 충분히 있을 수 있는 일이다.

적어도 몇몇 긍정적인 유사 죽음의 경험들은 사탄이 개입된 것이 분명하다. 이는 그것들이 성경의 가르침과 첨예하게 대립되기 때문이다. 첫째, 베티 이디와 같은 몇몇 이들은 우리에게 그들이 만난 예수가 모든 사람이 사후의 생에서 똑같이 축복된 환영을 받을 것을 보장하였다고 말한다. 둘째, 그들은 대개 거기에는 심판도, 지난 삶에 대한 엄격한 심사도 없다고 말한다. 그들 가운데 몇몇 이들은 그들이 만난 '빛의 존재'가 모든 사람을 무조건적으로 환영한다고 분명하게 말한다.

한 여성은 그녀가 생사生死의 선을 넘었을 때 예수님을 만나 함께 걸었다고 말했다. 그녀는 세상의 모든 종교들이 동일한 목적지를 향해 가는 길이라고 주장했다. 불교의 길, 힌두교의 길, 회교의 길 그리고 기독교의 길이 있다. 그러나 바퀴의 살과 같이, 그것들은 모두 하늘이란 중심부로 모인다. 다시 말해 모든 사람이 구원된다는 것이다. 그러나 이것은 언제나 사탄의 가장 믿을 만한 거짓말이다.

많은 사람들이 말하는 빛을 보았다는 경험에 관해, 우리는 하나님이 빛이시기 때문에 사탄이 그 나름의 빛을 복제할 수 있다는 것을 기억해야 한다. 그가 '광명의 천사'로 가장하기 원한다는 점은 아무리 강조해도 지나치지 않다고후 11:14. 물론 좋은 게 좋다는 식의 생각을 즐기는 많은 사람들은 빛을 발하는 이 '존재'가 친절하고 인자하다고 쉽게 가정한다. '신자들의 기분을 좋게 하는 것'이 최선이라고 여기는 종교 시대에서, 사람들은 그것이 그리스도 외의 다른 누구라고 상상도 하지 못하는 것이다.

비록 긍정적인 유사 죽음의 경험들이 널리 보고될지라도, 여러 조사를 통해 많은 이들이 어둡고 불길한 경험을 한 사실이 밝혀졌다. 필립 J. 스위하트Philip J. Swihart 의 「죽음의 가장자리에서In the Edge of Death」와8 모리스 로울링스Maurice Rawlings 의 「죽음의 문 너머Beyond

Death's Door」에는⁹ 사후의 생에 대한 공포스러운 경험들을 말하는 사람들의 이야기가 나온다. 어떤 이들은 불못이나 깊은 어둠과 더불어 고통당하는 사람들을 보았다. 그들은 모두 심판을 기다리고 있었다. 저자들은 이 보고들이 거의 죽을 뻔한 고비에서 살아난 직후의 사람들을 면담하여 얻은 정보들이기 때문에 보다 정확하다고 주장한다. 저자들에 의하면 종종 이 어둠의 경험들은 시간이 지나면서 기억에서 사라진다.

우리는 죽음이 사람들의 종교나 신앙과 상관없이 모든 사람들을 보다 높은 의식 수준으로 인도한다는 이상적인 사상만을 전하는 '죽기 직전에 살아난 자들의 종교'가 사람들을 계속 속여 넘기는 것을 분명히 인식해야 한다. 우리는 모든 유사 죽음의 보고들이 임상적으로는 죽었을지 모르지만, 생물학적으로 돌이킬 수 없는 죽음을 경험하지는 않은 자들에게서 나온 점을 반드시 기억해야 한다. 아무도 부활한 적은 없다. 그 경험이 긍정적이든 부정적이든, 그것은 언제나 보다 신뢰할 만한 전거典據에 의해 평가되어야 한다.

개인적으로 나는 내가 유사 죽음에서 경험할 것보다 실제 죽은 후에 경험할 일에 관해 더 많은 관심이 간다. 정말 중요한 것은 이동 자체가 아니라 목적지다. 그러므로 죽음 저편에 실제로 있는 것을 알아내기 위해, 우리는 사후의 생의 문 앞에만 가보고 우리에게

---

8. Philip J. Swihart, The Edge of Death(Downers Grove, Ill.: InverVarsity, 1978).
9. Maurice S. Rawlings, Beyond Death's Door(Nashville: Nelson, 1978).

보고하는 사람들보다 더 믿을 만한 지도와 확실한 근거를 찾아야 한다.

만약 우리가 단순히 유사 죽음이 아니라 실제로 죽은 사람의 말을 신뢰한다면 훨씬 유익할 것이다. 앞으로 살펴보겠지만, 그리스도는 우리가 저편에서 기대할 수 있는 바를 우리에게 말해줄 자격이 있는 유일한 분이시다. 그는 죽었다. 너무나 확실하게 죽어서 그의 시신은 차가워졌고 무덤에 장사되었다. 3일 후에 그는 영화로운 몸으로 죽은 사람들 가운데서 살아나셨다. 여기에 바로 믿을 만한 사람의 의견이 있다. 이 부활하신 그리스도께서 요한에게 말씀하셨다. "두려워하지 말라 나는 처음이요 마지막이니 곧 살아있는 자라 내가 전에 죽었었노라 볼지어다 이제 세세토록 살아있어 사망과 음부의 열쇠를 가졌노니" 계 1:17-18.

부분적으로 열려진 커튼 뒤를 들여다보려는 것으로는 신뢰할 만한 정보를 얻을 수 없다. 오직 하나님만이 커튼 저편에 실제로 있는 것을 아신다. 그리고 바로 그 점 때문에, 우리에게 최선이 되는 것은 사후의 세계에 관해 성경이 말하는 바를 공부하는 것 외에 다른 것이 없다.

우리는 먼저 죽음의 세계에 대한 첫 번째 실마리가 나오는 구약 성경에서 시작할 것이다. 우리는 이를 통해 신약 성경에 나오는 보다 분명한 계시를 이해할 수 있을 것이다. 비록 우리가 커튼 뒤를 들여다보고 우리가 발견한 사실을 보고할 권리는 없을지라도, 우리는 하나님께서 그의 말씀을 통해 우리에게 보여주신 모든 것을 감사함으로 받을 수 있다.

이 책의 다음 장들에는 우리의 관찰이 아닌 하나님의 계시가 나온다. 우리가 안을 들여다볼 수 있도록 하나님께서 그 커튼을 여신다.

그 안에 무엇이 있는지 살펴보자.

제2장
어둠 속으로 하강
스올 | 하데스 | 연옥

어느 날 나는 신속한 장례식을 치러줄 목회자를 찾는 전화를 받았다. 내가 '신속한'이라고 한 것은 그가 나에게 단 몇 분 간만 말하도록 요청했기 때문이다. "종교적인 것은 듣고 싶지 않아요." 그 사람이 말했다. "짧으면 짧을수록 좋습니다."

나는 그에게 장례식을 짧게 하는 것이 왜 그토록 중요한지 물었다. 그는 그의 가족이 신앙적이지 않고, 갑작스럽게 죽은 그의 아버지 역시 한 번도 교회에 간 적이 없으며, 모두 하나님을 믿지 않는다고 대답했다. 그럼에도 나에게 전화를 건 이유는 친척 가운데 한 사람이 목사가 있어야 한다고 주장했기 때문이라고 했다.

나는 그와 흥정을 했다. "좋아요. 짧게 하겠소. 대신 나는 손님들에게 죽음에 대해 내가 믿는 것과 그리스도에 대해 내가 믿는 것을 말하겠소." 그는 마지못해 동의했다.

그 장례식을 한마디로 특징짓는다면, 그것은 절망이었다. 조선업으로 수백만 달러를 번 사람이 있었으나, 바로 그날 그는 긴 추도사와 매우 짧은 설교 후에 화장될 것이었다.

그는 죽고 나서 1분 후에 무엇을 경험했을까? 물론 나는 이 사람의 심판자가 될 수 없다. 오직 하나님만이 그가 생의 마지막 몇 분 사이에서라도 그리스도를 그의 구주로 영접했는지 어떤지를 아신다. 그러나 하나의 실례를 들기 위해 우리는 그가 그 아들이 말한 대로 불신자로 죽었다고 가정해보자. 그렇다면, 우리가 그를 추모하기 위해 장례식장에 모여있을 때 이 사람은 무슨 일을 겪고 있었을까? 만약 우리가 그 우아한 관 너머를 볼 수 있었다면, 우리는 과연 무엇을 보았을까?

이 질문에 충분히 답하기 위해 우리는 죽음 너머의 삶에 대한 구약 성경의 가르침을 잠시 살펴보고, 그 다음 신약 성경으로 더 깊이 나아갈 필요가 있다. 그런 다음에야 우리는 비록 그의 가족이 적당히 종교적인 장례식을 만들기 위해 목사를 찾았을지라도, 죽음의 세계에서 실제로 이 남자에게 어떤 일이 일어나고 있는지를 잘 이해하게 될 것이다. 우리가 발견할 것은 신비로우면서도 섬뜩하다.

죽음은 에덴 동산에서 아담과 이브가 불순종한 결과인 것을 우리는 기억해야 한다. 하나님은 그들에게 만약 금지된 실과를 먹는다면 그들이 죽을 것이라고 경고하셨다. 그리고 그들은 죽었다. 그들이 하나님과 분리되고 하나님으로부터 숨으려 한 점에서 그들은 영적으로 죽었다. 또한 그들의 몸이 무덤을 향해 가기 시작하면서 육체적으로도 죽기 시작했다. 그리고 만약 아담과 이브가 하나님에 의해 구속되지 않았다면, 그들은 영원히 죽었을 것이다. 그것은 죽음의 세 번째 형태다. 에덴에서 벌어진 최초의 불순종에서부터, 죽음은 그 모든 형태로 온 세상에서 고된 여정을 시작했다.

구약 성경은 계속하여 후생後生에 대한 하나님의 계시를 펼쳐 보여준다. 물론 그 저자들은 오늘날 우리가 신약 성경의 빛 아래서 이해하는 것만큼 많이 이해하지는 못했으나, 영혼이 육체의 생명이 끝난 후에도 생존한다는 것을 분명히 알았다. 사실상, 후생의 의식意識을 믿는 믿음은 모든 문화에 보편적으로 수용되어서 성경 기자들은 단순히 그럴 것이라고 가정했다. 그들이 한 일의 전부는 하나님께서 이미 자연 계시를 통해 말씀하신 것을 명료하게 하는 것이었다.

이제 그 자료들을 살펴보자.

구약 성경의 스올(sheol)

후생을 말하는 것으로 구약 성경에서 가장 중요한 낱말은 히브리어 '스올^{sheol}'이다. 스올은 구약 성경에 65번 등장한다. 흠정역 ^{KJV} 성경에서 그것은 '지옥^{hell}'으로 31번, '무덤^{grave}'으로 31번, '구덩이^{pit}' 로 3번 번역되어 있다. 번역이 이렇게 다른 것 때문에 사람들은 스올이 실제로 의미하는 바에 관해 혼란을 갖게 되었다.

첫째, 나중에 더 자세히 언급하겠지만 우리는 성경의 다른 곳에서 스올이 지옥과 분명하게 구분되어 쓰이고 있는 점을 기억해야 한다. 둘째, 이 낱말이 때로 '무덤' 으로 번역된다고 해서 그것이 무덤만을 지칭하는 것은 아니다. 오직 무덤만을 지칭한다고 믿는 몇몇 사람들은 우리의 죽음을 개의 죽음과 동일시하는 것이다.

물론 스올은 그것이 무덤의 개념을 포함하기 때문에, 어떤 문맥에서 '무덤' 으로 번역할 수 있다. 그러나 분명한 것은 구약 성경의 저자들이 스올에 가는 것이 무덤에 가는 것일 뿐 아니라 의식적인 후생을 경험하는 것이라고 믿은 점이다.

'무덤^{kever}' 으로만 번역될 수 있는 히브리어 낱말이 있다. 그러나 성경 저자들은 스올이 더없는 행복이든 끝없는 고통이든 간에 의식을 가진 죽은 영혼들이 존재하는 영역을 포괄하기 때문에 이 낱말을 선호했다.

최근의 번역본들은 명료성을 더하기 위해 때로 스올을 번역하지 않고 그것을 히브리어 그대로 사용했다. 예를 들어, NASB^{New} $^{American\ Standard\ Bible}$에서는 구약 성경에 그 낱말이 처음 사용되는 곳에서 야곱의 말을 "내가 슬퍼하며 스올에 내려가 아들에게로 가리라" 창 37:35 고 번역한다. 그러므로 우리가 구약 성경이 스올이란 낱말로 무엇을 의미하는지를 이해하기 위해 알아야 할 몇 가지 사실들이 있다.[1]

첫째, 육체가 안식하는 무덤과 죽은 자들의 영들이 모이는 스올 사이에는 분명한 차이가 있다. 무덤은 대개 얕은 땅 속이나 심지어 땅 위에 있는 반면에, 스올은 언제나 땅의 저 아래, 깊이 파인 어느 곳으로 생각된다. 이사야는 왕이 멸망할 때, "아래의 스올이 너로 말미암아 소동하여 너의 오는 것을 영접하되 그것이 세상의 모든 영웅을 너로 말미암아 움직이게 하며 열방의 모든 왕을 그들의 보좌에서 일어서게 하므로"라고 말한다사 14:9. 스올은 비인격적이지 않다. 그것은 활동이 일어나는 장소다.

둘째, 스올은 어둠이 드리운 장소, 이 세상에 속하지 않은 장소로 언급된다. 또 다른 선지자 에스겔은 주께서 두로로 하여금 "구덩이에 내려가는 자와 함께 내려가서 옛적 사람에게로 나아가게 하고 너를 그 구덩이스올에 내려간 자와 함께 땅 깊은 곳 예로부터 황폐한 곳에 살게 하리라 네가 다시는 사람이 거주하는 곳이 되지 못하리니 살아있는 자의 땅에서 영광을 얻지" 못하게 하실 것을 말한다겔 26:20.

욥은 스올의 거주자들이 고통 가운데 있는 것으로 말한다. "죽은 자의 영들이 물 밑에서 떨며 물에서 사는 것들도 그러하도다 하나님 앞에는 스올도 벗은 몸으로 드러나며 멸망도 가림이 없음이라"욥 26:5-6.

셋째, 죽은 후에 사람은 스올에서 그의 조상들과 연합될 수 있

---

1. 스올과 하데스에 관한 보다 충분한 논의를 위해서는 Death and the Afterlife, by Robert A. Morey(Minneapolis: Bethany, 1984), 72-87장을 보라.

다. 야곱은 음부스올에 내려가서 '그 열조에게로 돌아갔다' 창 49:33. 하나님은 아브라함이 평안히 열조에게로 돌아갈 것을 보장하셨다 창 15:15. 어떤 사람들은 이것을 단순히 특정 가족의 뼈를 함께 묻은 것을 가리키는 것으로 해석한다. 그러나 함축된 분명한 뜻은 저 세상에서 일종의 재결합이 있으리란 것이다.

스올이란 낱말이 죽은 영들의 영역을 가리키는 점은 틀림이 없어 보인다. 그런데 똑같이 분명해 보이는 것은 이 지역에 들어간 사람들이 모두 동일한 경험을 하지는 않았다는 점이다. 어떤 이들에게 그곳은 어둠의 지역이었으나, 다른 이들에게 그곳은 그들이 하나님과 동거하는 곳이었다.

많은 시편의 저자인 아삽은 이렇게 썼다. "내가 항상 주와 함께 하니 주께서 내 오른손을 붙드셨나이다 주의 교훈으로 나를 인도하시고 후에는 영광으로 나를 영접하시리니 하늘에서는 주 외에 누가 내게 있으리요 땅에서는 주밖에 내가 사모할 이 없나이다" 시 73:23-25. 그는 죽음에서 하나님의 영광을 볼 것을 기대하였는데, 사실 그가 말한 것은 천국에 관한 것이었다.

넷째, 구약 성경에서 스올이 서로 다른 지역들을 포함한다는 암시들이 있다. 악인들과 의인들 모두 스올에 가는 것으로 기록하고 있다. 야곱이 스올에 갔는데, 고라와 다단 같은 반역자들도 그곳으로 갔다. 이것이 '보다 낮은 지역 lower region'이 있는 이유에 대한 설명이 된다. 하나님은 말씀하신다. "내 분노의 불이 일어나서 스올의 깊은 곳까지 to the lowest part of Sheol 불사르며 땅의 그 소산을 삼키며 산들의 터도 불타게 하는도다"신 32:22.

스올에 서로 다른 두 지역이 있는 이유는 스올에 서로 다른 두 부류의 거주자들이 있는 사실로 가장 잘 설명할 수 있다. "이것이 바로 어리석은 자들의 길이며… 양 같이 스올에 두기로 작정되었으니 사망이 그들의 목자일 것이라 정직한 자들이 아침에 그들을 다스리리니 그들의 아름다움은 소멸하고 스올이 그들의 거처가 되리라 그러나 하나님은 나를 영접하시리니 이러므로 내 영혼을 스올의 권세에서 건져내시리로다"시 49:13-15. 또 다른 성경 구절들도 이와 비슷한 대조를 말하고 있다욥 24:19, 시 9:17, 16:10, 31:17, 55:15.

아마 구약 성경에서 가장 분명하게 불멸을 표현한 곳은 다니엘서일 것이다. "땅의 티끌 가운데서에 자는 자 중에서 많은 사람이 깨어나 영생을 받는 자도 있겠고 수치를 당하여서 영원히 부끄러움을 당할 자도 있을 것이며"단 12:2. 다니엘은 두 부류의 사람들이 더없는 행복이나 끝없는 고통 둘 중 한 상태로 살 것을 믿었을 뿐 아니라, 그들의 육체 역시 언젠가 부활할 것을 믿었다. 이것은 육체의 부활에 대한 신약 성경의 교리와 분명하게 연관된다.

구약 성경은 악인과 의인 사이를 예리하게 구분하며, 그들이 후생에서 서로 다른 운명에 처할 것을 분명하게 함축한다. 비록 스올에 대한 이 구분이 뚜렷하게 진술되지는 않았을지라도, 후에 랍비들은 스올이 두 지역을 포함한다고 가르쳤다.

그렇다면 스올은 죽은 영들이 거하는 지하 세계를 지칭하는 일반적인 용어다. 워필드B. B. Warfield가 쓴 대로, "이스라엘은 그들의 성문 역사 초기에서부터 사후의 생에서 영혼이 영속하는 것에 대해 매우 확고한 신념을 가졌다… 육체는 무덤에 누이고 영혼은 스올을 향해 떠난다." 여기에 의인과 악인이 같이 갈지라도, 도착한 후에 그들은 서로 다른 경험을 한다.

만약 구약 성경에서 후생으로 가는 문이 갈라진 틈처럼 조금 열려있다면, 신약에서 그것은 활짝 열린 것과 같다. 신약 성경은 의인과 불신자 둘 다의 사후에 대해 상세히 설명하고 있다. 이 정보에 근거하여, 우리는 우리가 마지막 숨을 거두고 나서 1분 후에 무슨 일이 있을지 보다 잘 대답할 수 있다.

신약 성경에서의 하데스(hades)

우리는 구약 성경에서 히브리어 스올이 죽은 사람들의 영역으로 사용된 것을 배웠다. 그런데 헬라어로 기록된 신약 성경은 스올을 헬라어 '하데스hades'로 번역한다. 실제로 그리스도가 오시기 전에 구약 성경 전체가 헬라어로 번역되었을 때, 스올은 언제나 '하데스'로 번역되었다. 비슷하게 신약 성경이 구약 본문을 인용할 때도 스올은 언제나 '하데스'로 번역된다. 그러므로 그 둘은 하나이며 동일하다.

신약 성경은 커튼을 열어서 우리가 보다 분명하게 하데스^{또는 스올}를 볼 수 있게 한다. 우리가 짐작하는 대로, 하데스는 스올과 같이 결코 무덤으로 사용되지 않으며 언제나 죽은 영들의 세계를 지칭한다. 여기서 우리는 신자로 죽은 사람들과 불신자로 죽은 사람들 모두에게 하데스가 어떤 곳인지 알려주는 매우 구체적이며 세세한 점들을 보게 된다. 하나님이 우리를 위해 그 커튼을 여실 때 적어도 그 신비의 일부가 사라진다.

그리스도는 스올 또는 하데스가 두 구획으로 되어있다고 이해하는 랍비들의 생각을 인정하셨다. 탐욕스러운 바리새인들에게 부자의 운명이 언젠가 다가올 세상에서 어떻게 역전될 것인지를 강조하시기 위해, 그는 산 자와 죽은 자를 구분하는 그 커튼 뒤로 우리를 데려가는 이야기를 들려주셨다.

그 문맥을 기억하라. 자색 옷과 고운 베옷을 입고 날마다 호화로이 연락하던 한 부자가 죽어서, 그의 영혼이 음부^{하데스}로 갔다. 부자의 대문에 누워있던 나사로란 한 거지도 죽어서 아브라함의 품^{하데스에 있는 행복의 지역}으로 옮겨졌다. 그 후의 설명은 다음과 같다.

> 그가 음부(하데스, 구약 성경 스올의 헬라어 번역)에서 고통 중에 눈을 들어 멀리 아브라함과 그의 품에 있는 나사로를 보고 불러 이르되 아버지 아브라함이여 나를 긍휼히 여기사 나사로를 보내어 그 손가락 끝에 물을 찍어 내 혀를 서늘하게 하소서 내가 이 불꽃 가운데서 괴로워하나이다 아브라함이 이르되 얘 너는 살았을 때에 좋은 것을 받았고 나사로는 고난을 받았으니 이것을 기억하라 이제 그는 여기서 위로를 받고 너는 괴로움을 받느니라 그뿐 아니라 너희와 우리 사

이에 큰 구렁텅이가 놓여있어 여기서 너희에게 건너가고자 하되 갈 수 없고 거기서 우리에게 건너올 수도 없게 하였느니라(눅 16:23-26).

이 고통받는 사람이 하데스에 간 것은 그가 부자였기 때문이라고 생각하는 것은 오해다. 신약 성경의 다른 곳에서 우리는 우리의 부함이나 빈궁함이 우리의 영원한 운명을 결정하지 못한다는 것을 분명하게 배운다. 그리스도께서 이 이야기를 하신 것은 탐욕스러운 바리새인들에게 충격을 주어 그들의 부가 자신들을 구원할 수 없음을 깨닫게 하기 위함이었다는 것을 기억하라. 가난한 사람들이 오는 생에서 더 복될 수 있다. 우리가 영원을 보낼 곳을 결정하는 것이 정확히 무엇인지는 이 책의 후반에서 논의할 것이다.

그리스도는 신자와 불신자의 근본적으로 다른 운명을 설명하셨다. 이제 우리는 부자의 운명에 초점을 맞추고, 그의 가족이 여전히 지상에서 안락을 누리고 있는 동안 그가 처한 곤경을 이해해보자. 그의 가족이 전혀 깨닫지 못할 그때에 그는 심한 고뇌 가운데 있었다.

전에 시카고에서 장례식을 치루었던 조선업계의 거물이 생각난다. 그 사람과 이 비유에 나오는 부자와 또 그들과 같은 수백만의 사람들은 세상에서 그들이 지닌 영향력이 그들을 구원하지 못한다는 사실을 너무 늦게 발견했다. 그들의 부와 명성 역시 그들을 이 곤경에서 구할 수 없었다. 그들은 승리자들이 아니라 이제 희생자들이 되었다. 그들의 자유를 자랑하기보다, 그들은 이제 자신들이 노예되었음을 고백해야 했다.

첫째, 하데스의 그 부자는 죽음 직후에 완전한 의식을 가지고 있었다. 기억, 언어, 고통, 행복, 이 모든 것을 그는 경험하고 있었다. 부자는 말했다. "아버지 아브라함이여 나를 긍휼히 여기사 나사로를 보내어 그 손가락 끝에 물을 찍어 내 혀를 서늘하게 하소서 내가 이 불꽃 가운데서 괴로워하나이다" 눅 16:24. 하데스에서 알코올 중독자들은 한 방울의 술을 갈구할 것이나 아무것도 그에게 주어지지 않을 것이다. 마약 중독자들은 한 대만이라도 헤로인 주사 맞기를 갈구할 것이나 결코 그것을 얻지 못할 것이다. 부도덕한 사람은 성욕으로 불탈 것이나 결코 만족을 얻지 못할 것이다.

영원히 불타는 정욕들은 결코 가라앉지 않으며, 고통받는 양심은 쓰리고 아플지라도 결코 진정되지 않는다. 욕구는 증가되고 만족은 감소할 것이다. 잠언은 사후 세계와 정욕에 대한 사람의 끝없는 탐욕에 대해 말한다. "스올과 아바돈은 만족함이 없고 사람의 눈도 만족함이 없느니라" 잠 27:20.

그래서 우리가 시카고의 그 장례식장에서 낭독되는 사망자의 약력에 귀를 기울이며 그에 대한 기억에 삼가 경의를 표하는 동안에, 정작 그 사람은 고통 가운데에 있었다. 그는 충족될 수 없는 사무치는 욕구를 가지고 있었다. 그는 만족시킬 수도 억누를 수도 없는 불타는 욕망을 가지고 있었다.

둘째, 이 사람의 영원한 운명은 돌이킬 수 없게 고정되었다. "너희와 우리 사이에 큰 구렁이 놓여있어 여기서 너희에게 건너가고

자 하되 할 수 없고 거기서 우리에게 건너올 수도 없게 하였느니라 눅 16:26. 땅 위의 친척들이 장례식장을 떠나 식사를 하러 가고 휴가를 떠날 계획을 하는 동안에, 하데스에 있는 그들의 친구는 탈출의 가능성이 전혀 없이 유폐되어 있다.

M. R. 드한DeHaan이 말하는 대로, "일단 우리가 죽음의 문을 통과하면, 우리는 그 설비가 마음에 들지 않는다고 해서 가방을 집어 들고 돌아나올 수 없다." 하데스는 단조롭다. 여기에는 지루함과 하찮음만 있다. 아무런 도전도 있을 수 없으며, 목표도 없고, 즐거움도 없다.

내가 그 짧은 설교를 하는 동안에, 아름다운 관에 누워있는 그 사람은 자신이 포위되어 있는 것을 충분히 자각하고 있었다. 그의 미래는 더 이상 자신의 통제 아래 있지 않았다. 그는 그의 운명이 돌이킬 수 없게 고정된 것을 확연히 깨달았다. 그리고 우리가 나중에 보는 대로, 그가 겪는 고통은 미래에 더 나아지는 것이 아니라 더 악화될 것이다.

셋째, 이 사람은 자신이 겪고 있는 것이 공정하고 정당하다는 것을 충분히 잘 알고 있었다. 하데스에서 자신의 온 생애가 그의 앞에 있었다. 사후 세계에서 그의 자의식은 감소된 것이 아니라 더욱 고양되었다. 부자는 아브라함에게 나사로를 그의 아버지 집에 보내도록 간청했다. "내 형제 다섯이 있으니 그들에게 증언하게 하여 그들로 이 고통 받는 곳에 오지 않게 하소서" 28절.

이 사람이 자기에게 일어나는 일을 정당하게 여겼다고 우리가 생각하는 데는 두 가지 이유가 있다. 첫째, 그는 자신이 그곳에 있는 것이 얼마나 부당한지에 대해 아무 말도 하지 않는다. 그는 고통에 대해 불평하나, 부당성에 대해서는 불평하지 않는다. 둘째, 더 중요한 것으로, 그는 자신의 형제들이 그와 같은 운명에 처하지 않으려면 무엇을 해야 하는지 정확히 알고 있었다. 만약 그들이 회개한다면, 그들은 그와 같은 비참함에 이르지 않을 것이다.

믿기 어려운 일이지만 그 사람은 갑자기 전도에 관심을 갖게 되었다. 그는 아브라함에게 그의 다섯 형제들을 경고하여 그들로 하여금 그 동일한 고통의 장소에 오지 않게 해 달라고 부탁했다. 그리고 아브라함이 그들에게 모세와 선지자들이 있다는 이유로 그것을 거절하자 이 사람은 대답했다. "그렇지 아니하니이다 아버지 아브라함이여 만일 죽은 자에게서 그들에게 가는 자가 있으면 회개하리이다"30절.

그 부자는 죄를 용서받지 않으면 필연적으로 심한 고통의 장소에 이른다는 것을 알았다. 그리고 만약 그의 형제들이 그 고통을 피하기 원한다면, 그들은 땅에 살아있는 동안 앞으로 겪게 될 곤경에 대해 무언가를 해야만 했다. 고양된 통찰력과 보다 나은 이해력으로, 그는 전능자와 그의 관계가 자신의 최고 우선순위여야 했었다는 것을 알 수 있었다.

이 사람은 그의 형제들이 모두 하데스에 와서 그와 함께 지내게 되는 것을 더 좋아했을 수도 있었을 것이다. 그러나 그는 차라리 그들을 다시 보지 못하더라도, 그들이 나사로와 아브라함이 있는 구렁 저편으로 가기를 원했다. 심지어 하데스에서도 사랑하는 사람들의 운명에 관한 자연스런 인간적인 동정이 있는 것이 분명해 보인다.

아브라함의 대답은 교훈적이었다. "모세와 선지자들에게 듣지 아니하면 비록 죽은 자 가운데서 살아나는 자가 있을지라도 권함을 받지 아니하리라" 31절.

참으로 맞는 말이다. 그리스도가 이 이야기를 하셨을 때, 그는 아직 죽어서 부활하시기 전이었다. 그럼에도 그는 자신의 부활이 그가 세상에 줄 유일한 표적임을 가르치셨다. 그러나 오늘날 그리스도께서 부활하신 증거가 압도적임에도 불구하고, 많은 사람들은 여전히 믿지 않는다. 격언에 있는 것처럼 아무리 진리를 들어 설득할지라도, 사람은 자기 뜻에 맞는 의견만 수용하기 마련인 것이다.

나는 시카고에서 장사된 그 부자를 생각한다. 그도 역시 생생한 기억을 가졌고, 두고 간 그의 가족을 생각하였을 것이다. 내가 장례식장에서 주차할 곳을 찾아 헤매고있을 때 그리고 그의 우는 아내와 자신만만한 아들과 장례식을 의논하고 있을 때 그 사람은 그의 자녀들을 애틋한 마음으로 생각하고 있었을 것이다. 그는 아내를 대하던 자신의 태도와 그와 함께 거래를 했던 사람들을 회고했을 것이다.

그를 기리는 추도사의 아름다운 말들을 그가 들었더라면, 그는 부끄러워하지 않을 수 없었을 것이다. 사람들의 피상적인 의견들은 이제 그에게 조롱거리가 될 뿐이었다. 그도 역시 그의 가족이 자신과 같이 되지 않도록 회개하기를 슬픈 마음으로 희망하였을 것으로 나는 확신한다. 그의 아들이 아니라 그가 나에게 자신의 장례식에서 해야 할 말을 부탁할 수 있었더라면….

넷째, 누가복음 16장의 그 부자가 아직 지옥에 있는 것이 아니라 하데스에 있는 점을 잊지 말라. 흠정역 성경이 종종 스올과 하데스 둘 다를 지옥으로 번역하였기 때문에, 이것은 서로 다른 두 지역을 혼동하게 만들었다. 성경은 현재 아직 아무도 지옥에 있지 않다는 것을 분명히 한다. 언젠가 하데스가 지옥으로 던져질 것이나, 그 일은 아직 일어나지 않았다계 20:14.

베드로는 불순종한 천사들에 대한 심판을 설명한 후에 덧붙여 이렇게 말했다. "주께서 경건한 자는 시험에서 건지실 줄 아시고 불의한 자는 형벌 아래 두어 심판 날까지 지키시며"벧후 2:9. 여기서 동사의 시제는 최후 심판이 아직 미래 일일지라도, 형벌이 진행중인 것을 입증한다.

신자, 나사로는 어떤가? 그는 스올 또는 하데스에서 '아브라함의 품'으로 불리는 지역에 있었다. 그러나 그리스도의 승천 후에 신자들은 곧바로 천국에 가는 것으로 나온다. 다시 말해, 하데스의 그 두 지역이 더이상 나란히 존재하지 않는다. 아브라함의 품은 오늘날 천국에 있다. 우리가 아는 한 하데스는 이제 오직 한 지역만이며, 그곳은 불신자들이 가는 곳이다.

그렇다면 하데스는 여전히 죽은 영들이 거하는 곳으로, 하나님의 용서를 받지 못한 사람들이 다음 통지가 있을 때까지 기다리는 임시 중간 상태인 것이다. 그들의 이름이 불릴 때, 그들을 기다리는 뉴스는 결코 유쾌하지 않을 것이다.

중세 신학의 연옥(purgatory)

음부^{하데스}는 연옥^{purgatory}이 아니다. 우리는 음부에 있는 자들이 천국에 들어갈 가능성이 없다는 것을 배웠다. 반대로 연옥은 출구가 있는 것으로 여겨진다. 영혼이 연옥에서 고난으로 정결케 된 후에 하나님께로 간다고 한다. 연옥은 참회자로 죽은 사람들이 벌을 받음으로써 죄에서 정결케 되는 임시 장소로 정의될 수 있을 것이다.

그러나 연옥 교리는 성경에 나오지 않으며, 중세 시대에 그릇된 구원 교리로 인해 하나의 전통으로 수용된 것이다. 연옥 교리는 아무도^{또는 거의 아무도} 죽어서 천국에 들어갈 만큼 의롭지 않다는 것이다. 따라서 사람들이 그들의 죄에서 정화되어 천국을 위해 준비될 장소가 반드시 있어야 했다. 그 이론에 따르면 연옥은 사람이 도달한 의의 수준에 따라 수년 내지 수백 년 지속될 수 있으나, 결국에는 끝이 와서 참회자는 천국에 들어간다는 것이다.

감사하라. 연옥은 불필요하다. 앞으로 살펴보겠지만 그리스도의 의가 우리에게 덧입혀질 때, 우리는 곧바로 천국으로 갈 수 있다. 사도 바울은 썼다. "우리가 담대하여 원하는 바는 차라리 몸을 떠나 주와 함께 있는 그것이라"^{고후 5:8}. 복된 소식은 우리가 동일한 확신을 가질 수 있다는 것이다.

어느 날 텔레비전의 대담 프로그램에서 한 여성이 이런 질문을 했다. "제 아버지는 종교적이기는 하셨지만, 그리스도를 자신의 구주로 믿지는 않고 돌아가셨어요… 아버지께서 가신 곳으로 생각되는 곳에서 아버지를 나오시게 하기 위해 제가 할 수 있는 일이 있습니까?"

나는 대답했다. "좋은 소식과 나쁜 소식이 있습니다. 나쁜 소식은 당신이 부친의 영원한 운명을 바꾸기 위해 할 수 있는 일은 아무것도 없다는 점입니다. 좋은 소식은 하나님께서 무엇을 하시든지 그것은 정당할 것이며… 부친의 운명을 판정하심에 있어 단 하나의 사실도 대강 보아 넘기지 않으실 것이라는 점입니다. 정보가 오도되거나 형벌이 불공평하게 시행될 가능성은 전혀 없습니다" 이것은 지옥을 설명하는 장에서 보다 충분히 논의될 것이다.

지금까지 우리는 죽음이 두 얼굴을 가진다는 것을 배웠다. 불신자에게 죽음은 생각만 해도 공포스럽거나 또는 적어도 그래야 한다. 그러나 하나님과 화목한 사람들에게 죽음은 축복이다. 죽음은 구속의 수단이며, 더없이 행복한 영원으로 들어가는 문이다. 그것이 의미하는 바가 무엇인지는 앞으로 보다 명료하게 논의될 것이다.

우리를 위해 그 커튼이 열릴 때, 우리가 그 호출에 답하지 못하도록 막을 수 있는 것은 아무것도 없다. 우리가 죽고 나서 1분 후에, 우리는 즐거워하거나 아니면 두려워할 것이다. 그리고 그때는 우리의 여행 코스를 다른 길로 잡기에는 너무 늦을 것이다.

    그렇지만 이제 우리는 죽음의 훨씬 밝은 다른 면을 살펴보기로 하자.

제3장
영광 속으로 승천

떠남 | 안식의 잠 | 허물어지는 장막 | 항해하는 배 | 영원한 집 | 건강한 슬픔

의사가 방금 당신에게 다른 사람에게나 일어날, 절대 당신은 해당하지 않을 일로 생각해온 소식을 전했다. 그 종양에 관한 최악의 의심이 확증되었다. 당신은 매우 희귀한 암에 걸렸으며, 게다가 어떻게 손써볼 수도 없는 말기에 이르렀다. 의사는 당신에게 앞으로 겨우 1년 정도 더 살 수 있다고 말한다.

당신은 어디에서 위로를 구할 것인가? 가족과 친구들에게서? 그렇다. 당신은 이전 어느 때보다 그들을 필요로 한다. 당신이 그 소식을 전할 때, 그들은 아연실색하여 말을 잇지 못한다. 그들은 당신을 사랑하며 당신을 위해 기도할 것을 약속한다. 당신은 이 어두운 날들을 혼자 외로이 지나지 않아도 될 것을 안다.

물론 당신은 하나님도 찾는다. 당신은 그리스도를 개인적으로 알았으며, 일생을 일편단심으로 오직 그와 그의 일을 위해 살았다. 당신은 하나님의 약속들을 외우고 있다. 어떤 의미에서, 당신은 수년 전 구세주를 믿기 시작한 이래 이 시간을 위해 준비되어 왔다.

확실히 당신은 절망과 희망, 부인과 결심 사이에서 동요할 것이다. 아마 당신은 자신보다 뒤에 남아있을 가족을 더 염려할 수 있다. 우리 가운데 어느 누구도 그런 무서운 소식에 대한 해당자가 자신의 차례가 될 때 어떻게 반응할지 예측하지 못한다.

그럼에도 성경은 죽음에 대해 우리에게 소망을 주는, 완전히 다른 그림을 제시한다. 아담과 이브가 범죄한 후, 그들은 육체적으로뿐 아니라 영적으로도 죽었다. 그들을 동산에서 쫓아낸 것은 결코 잔인한 행위가 아니라, 오히려 하나님의 인자를 증명하는 것이었다. "여호와 하나님이 이르시되 보라 이 사람이 선악을 아는 일에 우리 중 하나 같이 되었으니 그가 그의 손을 들어 생명나무 실과도 따먹고 영생할까 하노라 하시고 여호와 하나님이 에덴 동산에서 그를 내보내어 그의 근원이 된 땅을 갈게 하시니라" 창 3:22-23.

만약 아담과 이브가 동산의 다른 특별한 나무인 생명나무의 실과를 먹었다면, 그들은 죄악된 상태로 영원히 살아야 했을 것이다. 그들은 하나님이 그들에게 주기 원하시는 그 천국에 들어갈 자격을 결코 얻지 못할 것이었다. 구속과 영원한 변형 transformation 의 가능성이 전혀 없이, 죄인으로 영원히 사는 것을 상상해보라. 비록 그들이 죽음의 결국을 맞이하지는 않을지라도, 그들은 영원히 비참한 존재로 살아야 했을 것이다.

그러므로 하나님은 아담과 이브에게 죽음의 선물을 주심으로써, 이생을 퇴장하여 다가오는 멋진 생에 안전하게 도착하는 능력을 주심으로써, 그들이 영원한 죄 가운데 사는 것을 막으셨다. 죽음은 비록 인간의 가장 큰 원수로 보일지라도, 결국에는 인간의 가장 좋은 친구로 입증될 것이다. 오직 죽음을 통해서만 우리는 하나님께로 갈 수 있다 물론 우리가 살아있는 동안에 그리스도가 오시는 경우를 제외하고.

이런 이유 때문에 바울은 죽음을 그리스도인들의 소유물 가운데 하나로 분류했다. "만물이 다 너희 것임이라 바울이나 아볼로나 게바나 세계나 생명이나 사망이나 지금 것이나 장래 것이나 다 너희의 것이요 너희는 그리스도의 것이요 그리스도는 하나님의 것이니라" 고전 3:21-23. 죽음이 우리에게 주어진 선물들 가운데 하나로 나열된 것에 놀라지 말아야 한다. 오직 죽음만이 우리에게 영원의 선물을 줄 수 있다.

로마 제국 초기에 기독교가 박해를 받았을 때, 이교도들은 재산과 음식과 친구와 건강 등 많은 것을 신자들에게서 빼앗아갔다. 그러나 그리스도인들로부터 그들을 하나님의 존전으로 인도하는 죽음의 선물을 앗아가지는 못했다. 사실 하나님은 때때로 이교도들을 사용하셔서, 그것을 통하지 않고 아무도 주를 뵐 수 없는 그 특별한 선물을 그의 자녀들에게 주시곤 하셨다.

실제로는 죽음이 얼마나 무기력한지 생각해보라. 그것은 우리에게서 우리의 부富를 빼앗아가기보다, 오히려 우리를 '영원한 부'로 인도한다. 연약한 건강과 교환하여, 죽음은 우리에게 '만국을 소성하기 위하여 있는' 생명나무에 나아갈 권리를 준다계 22:2. 죽음은 일시적으로 우리에게서 사랑하는 사람들을 빼앗을 수 있으나, 궁극적으로 우리를 결코 이별이 없는 땅으로 인도해줄 뿐이다.

그러므로 그리스도는 말씀하셨다. "몸은 죽여도 영혼은 능히 죽이지 못하는 자들을 두려워하지 말고 오직 몸과 영혼을 능히 지옥에 멸하실 수 있는 이를 두려워하라"마 10:28. 몸은 일시적으로 암이나 또는 악한 자들의 소유가 될 수 있으나, 이런 원수들은 영혼이 하나님께 가는 것을 막을 수 없다. 사형 집행인들이 그들이 해야 할 최악을 행하였을 때, 하나님이 나타나 그의 최선을 이루실 것이다.

우리가 호텔에 차를 몰고 가면 호텔 보이가 나와 우리의 차를 주차시키고, 현관 안내인이 문을 열어 들어갈 수 있도록 배려할 것이다. 이와 비슷하게, 죽음에 의해 우리의 몸은 쉼을 얻고 우리의 영은 천국의 문을 통해 들어간다. 죽음 자체는 우리를 그 문으로 인도할 뿐이며, 그것을 여는 이는 "거룩하고 진실하사 다윗의 열쇠를 가지신 이 곧 열면 닫을 사람이 없고 닫으면 열 사람이 없는 그이"시다계 3:7. 만약 우리가 묵은 호텔이 24시간 현관 안내인 서비스를 자랑한다면, 선한 목자께서 그보다 덜 하시겠는가?

히브리서 저자는 그리스도께서 오신 것이 "죽음을 통하여 죽음의 세력을 잡은 자 곧 마귀를 멸하시며 또 죽기를 무서워하므로 한평생 매여 종 노릇하는 모든 자들을 놓아 주려 하심이니"라고 했다히 2:14-15. 사탄은 죽는 날을 결정하는 의미에서 사망의 권세를 가지고 있지 않다. 다만 그는 사망의 두려움을 사용하여 그리스도인들을 속박함으로써 그들로 하여금 '믿음의 큰 확신'에서 나오는 고요함으로 그 커튼에 다가가지 못하게 할 뿐이다.

다음 장들에서는 그리스도를 통해 하나님과 화목한 사람들을 위해 그 커튼이 열릴 때 우리가 무엇을 기대할 수 있는지에 관해 보다 구체적으로 이야기할 것이다. 이번 장에서는 죽음에 대한 신약 성경의 관점을 이해하도록 돕는 다섯 개의 비유적 표현을 살펴보면서 위안을 얻기 원한다. 준비가 된 자들에게 있어서 그 여행은 결코 두려움의 대상이 아니다.

신약 성경에서 죽음은 괴물 a monster 에서 사역자 a minister 로 둔갑한다. 처음에 우리를 감금하는 것처럼 보이는 것이 우리를 자유케 하여 하나님께로 가게 한다. 다음에 우리에게 죽음이 주는 무게를 가볍게 해줄 위로의 말들이 있다.

떠남

죽음을 대하는 용기가 우리에게 모범이 되시는 예수님은 그의 죽음을 '떠남 departure, exodus'으로 언급하셨다. 변화산에서 모세와 엘리야가 나타나 그리스도와 함께 '장차 예수께서 예루살렘에서 별세 departure 하실 것을 말씀' 하셨다 눅 9:31. 헬라어에서 그 '떠남'이란 낱말은 '엑소더스 exodus'이며, 영어의 '출구 exit'란 낱말이 여기서 나왔다. 구약 성경의 두 번째 책은 영어로 '엑소더스'이다. 이는 그 책이 이스라엘 백성이 이집트를 떠나온 일을 상세하게 설명하기 때문이다.

모세가 그의 백성을 종살이에서 인도해낸 것처럼, 이제 그리스도는 그 자신의 홍해를 건너 원수를 물리치시고, 그의 백성을 약속의 땅으로 인도할 준비를 갖추셨다. 그의 출애굽exodus은 그가 우리 모두를 땅에서 하늘로 안전하게 인도하실 수 있다는 증거다.

이집트에서 가나안으로 가는 여행에는 두려워할 것이 전혀 없었다. 백성은 단순히 하나님의 종 모세를 따르기만 하면 되었다. 일단 그들이 홍해를 건너기만 하면, 가나안은 바로 그편에 있었다. 당신이 올바른 인도자를 따르기만 하면, 당신은 그 여행을 즐길 수 있다.

우리가 우리의 최후 출애굽을 할 때 역시 두려워할 것이 없다. 우리는 앞서 가신 우리의 인도자를 따라가게 될 것이기 때문이다. 그 커튼이 열릴 때 우리는 저편에 계신 그를 발견할 뿐 아니라, 무엇보다 그가 우리를 그 커튼까지 인도하신 분이란 것을 알게 될 것이다.

죽음 직전에 그리스도는 제자들에게 그들이 올 수 없는 곳으로 가신다고 말씀하셨다. 그 말을 좋아하지 않은 베드로는 그리스도가 어디에 가시든지 그를 따르기를 원했다. 그러나 그리스도는 대답하셨다. "내가 가는 곳에 네가 지금은 따라올 수 없으나 후에는 따라오리라" 요 13:36.

이제 그가 죽으셨으며 부활하여 천국에 이르셨기 때문에 우리 모두는 그를 따를 것이다. 우리에게 용기를 주는 것은 그가 우리에게 그 자신이 가보지 않은 곳을 가도록 요구하지 않으신다는 점이다. 성공적인 죽음을 죽으신 분이 우리의 죽음 역시 성공적인 것으로 만드실 것이다. 그리스도는 십자가에서 우리의 빚을 갚으셨으며, 부활은 우리의 영수증이었다. 그의 부활은 '구입의 증표'였다.

한 어린 소녀가 묘지를 지나가는 것이 무서운지 어떤지 질문을 받았다. 그 소녀는 대답했다. "아니오. 전 무섭지 않아요. 묘지 저 편에 우리 집이 있거든요!" 출애굽이 더 나은 땅으로 가는 길이라면, 그것은 결코 두려워할 필요가 없다.

안식의 잠

그리스도가 회당장의 집에 들어가셨을 때, 그는 회당장의 딸이 죽은 것이 아니라 잠을 자는 거라고 말씀하시면서 무리를 위로하셨다눅 8:52. 또 한 번은 베다니로 향하시면서 제자들에게 말씀하셨다. "우리 친구 나사로가 잠들었도다 그러나 내가 깨우러 가노라"요 11:11.

바울은 일부 신자들이 죽음을 보지 않고 공중에 들려 그리스도를 만날 것을 가르치면서 동일한 비유적 표현을 사용했다. "보라 내가 너희에게 비밀을 말하노니 우리가 다 잠잘 것이 아니요 마지막 나팔에 순식간에 홀연히 다 변화되리니"고전 15:51. 모든 사람이 죽을잘잘 것은 아니다. 어떤 이들은 그리스도의 재림까지 살 것이다. 여기서 죽음은 '안식의 잠'으로 표현되고 있다.

혹 알고 있을지 모르겠지만 '영혼 수면 soul sleep'을 가르치는 사람들이 있다. 그것은 영혼이 몸의 부활까지 잠자기 때문에 아무도 죽은 후에는 의식을 갖지 않는다는 가르침이다. 비록 이 견해를 지지하는 유력한 옹호자들이 있을지라도, 이 교리가 성경이 말씀하고 있는 바와 들어맞기 위해서는 성경의 많은 구절들을 재해석해야 하는 곤란함이 생긴다.

모세가 변화산상에 나타났을 때, 그는 부활의 날까지 '잠잔' 것이 아니라 완전한 의식을 가지고 있었던 것이 확실하다. 어떤 이들이 주장하는 대로, 그가 이미 부활했다고 말하는 것은 성경에 나오지 않는 사실을 가정하는 것이다. 우리는 비록 그가 죽어서 하나님에 의해 장사되었지만, 그가 무의식이 아니라 그리스도와 대화를 할 수 있었다는 것에 만족해야 한다. 스데반이 죽기 직전에 그는 무덤이 그를 받도록 요구한 것이 아니라, "주 예수여 내 영혼을 받으시옵소서"라고 말했다 행 7:59. 그는 무의식의 존재를 기대한 것이 아니라 천국의 즉각적인 축복과 그리스도와의 교제를 기대한 것이 분명했다.

그 다음으로 죽어가는 강도에 대한 이야기가 있다. 그리스도는 그에게 말씀하셨다. "내가 진실로 네게 이르노니 오늘 네가 나와 함께 낙원에 있으리라" 눅 23:43. 영혼 수면을 믿는 사람들은 문법과 구문에 관한 규칙들을 무시하면서, '오늘'이란 단어가 단지 그리스도가 그 말을 하신 바로 그때를 지칭할 뿐이라고 말한다. 그들은 그리스도의 말을 "진실로 내가 오늘 네게 이르노니 네가 나와 함께 낙원에 있으리라"로 해석한다. 따라서 그들의 주장에 따르면, 그 강도는 그날 낙원에 가지 않았다. 그리스도는 단지 그날 그에게 약속을 하신 것뿐이었다.

문제는 헬라어 학자들이 그 낱말들을 이런 식으로 재배열하는 것을 '문법적으로 무의미하다'고 보는 점이다.[1] 그리스도가 그날 그 강도에게 말씀하고 계신 것은 이미 명백하다. 그리스도가 어제나 또는 내일 그 강도와 말하실 수 있었겠는가? 확실히 그리스도는 그 강도에게 바로 그날이 다 가기 전에 그들이 낙원에서 서로 만나리란 것을 말씀하심으로써 그를 위로하고 계셨다. 영혼이 잠잔다는 선입관 때문에 어떤 다른 의미를 본문에 강요하는 것은 성경의 명백한 의미를 손상시킨다.

바울은 그가 죽을 때 그리스도와 함께 있을 것을 분명하게 기대했다. 그는 "떠나서 그리스도와 함께있는 것이 훨씬 더 좋은 일이라 그렇게 하고 싶으나"라고 쓰고 있다 빌 1:23. 바울은 그의 영혼이 잠잘 수 있기 위해 죽음을 갈망하지 않았다. 그가 죽음을 갈망한 것은 그리스도와 함께있을 것과 그것이 훨씬 더 좋은 것임을 알기 때문이었다. 또다시 그는 자신이 더 좋아하는 것은 "차라리 몸을 떠나 주와 함께 거하는 그것이라"고 쓰고 있다 고후 5:8. 그가 죽은 후

---

1. 영혼 수면에 대한 보다 충분한 비판은, Robert Morey, Death and the Afterlife (Minneapolis: Bethany House, 1984), 199-222장을 보라.

에 즉시로 그리스도와 함께 있을 것을 기대하였다는 것 외에, 이것을 적합하게 해석할 방법은 없다.

잠이 신약 성경에서 죽음에 대한 묘사로 사용되는 것은 부활의 날까지 육체가 자기 때문이지 영혼이 자기 때문이 아니다. 잠은 그것이 원기 회복의 수단이기 때문에, 죽음에 대한 묘사로 사용된다. 우리는 해야 일을 다했을 때 피곤을 느끼고 잠을 기대한다. 더 나아가 우리는 아침에 깨어날 것을 확신하기 때문에 잠이 드는 것을 두려워하지 않는다. 우리는 밤이 지나 낮이 온다는 것을 수천 번 경험했다.

어젯밤에 나는 한 강연회에서 새벽 2시 반에 귀가하여 너무나 피곤했다. 내가 기억하는 전부는 내가 베개를 끌어다 베었다는 것뿐이다. 나는 너무나도 자고 싶었고 순식간에 잠에 빠져들었다. 이 아침에 나는 상쾌한 기분으로 일어나 며칠 전에 시작한 일을 계속할 수 있다. 잠은 아침을 두려워할 필요가 없는 자들에게 환영받는 경험이다.

물론 차이는 있다. 우리는 죽음을 경험해본 적이 없다. 그래서 우리는 영원에서 깨어나는 것이 정확히 어떨지에 대해 자신하지 못한다. 그러나 우리는 이 점을 확신할 수 있다. 주 안에서 죽는 자들은 미지의 것을 두려워할 필요가 없다. 그들은 잠이 든 후에 하나님의 품 안에서 깨어나기 때문이다.

피곤하지 않을 때 잠이 들기는 쉽지 않다. 마찬가지로, 우리 가운데 건강과 성취감을 주는 직업과 단란한 가족 생활을 즐기는 자들은 '예수 안에서 잠들기'를 고대하지 않는다. 그러나 더 이상 우리가 그것을 차지할 수 없는 날이 올 것이다. 우리는 그 부름에 순종해야만 한다. 만약 우리가 지치도록 생을 충분히 오래 산다면, 잠이 드는 것은 보다 반가운 일일 것이다. 사실 많은 성도들이 그들의 마지막 안식의 날을 기쁨으로 고대했다.

요한계시록은 짐승^{적그리스도}을 따르는 자들을 '밤낮 쉼을 얻지 못할' 자들로 묘사한다^{계 14:11}. 그러나 주께 속한 자들은 "자금 이후로 주 안에서 죽는 자들은 복이 있도다… 그들이 수고를 마치고 쉬리니 이는 그들의 행한 일이 따름이라"^{13절}. 신자들은 죽음이 궁극적인 성취를 가져오는 기쁜 안식인 것을 발견한다. 그리고 그들의 행위는 영원의 연감에서 결코 삭제되지 않을 것이다. 조약돌을 연못에 던지면 그 파문이 계속해서 점점 넓게 원을 그리며 퍼지듯이, 경건한 자들의 행위 역시 영원에서 계속하여 울려 퍼질 것이다. 주 안에서 죽는 자들은 복이 있다.

"나는 의로운 중에 주의 얼굴을 뵈오리니 깰 때에 주의 형상으로 만족하리이다"^{시 17:15}.

마침내 안식이다!

허물어지는 장막

바울은 죽음을 장막의 무너짐으로 표현했다. "만일 땅에 있는 우리의 장막 집이 무너지면 하나님이 지으신 집 곧 손으로 지은 것이 아니요 하늘에 있는 영원한 집이 우리에게 있는 줄 아느니라"고후 5:1.

우리의 현재 몸은 우리의 영혼이 거하는 장막과 같다. 그것은 임시 구조물이다. 장막은 비바람을 겪으며 퇴락한다. 만약 정기적으로 사용하려면 때때로 수리도 해야 한다. 해진 장막은 우리가 거처를 곧 옮겨야 할 것을 말해준다. 죽음은 우리를 장막에서 궁전으로 옮겨준다. 그것은 우리의 주소를 땅에서 하늘로 바꿔준다.

연중 대부분 야영을 하고 싶어하는 야영광들이 있다. 비가 오거나 눈발이 날리기 전까지는 그들이 원하는 대로 할 수 있다. 그러나 불편한 점이 늘어나면 그들은 점점 집 안으로 들어오고 싶어할 것이다. 이처럼 박해받는 자들과 허약한 자들은 천국을 사모하는 반면에, 건강하며 성취감을 느끼는 자들은 죽음을 무한정 연기하기 원한다. 그러나 우리 가운데 가장 강한 사람도 장막을 두고 떠나야 할 때가 올 것이다.

어떤 사람들은 마치 그들이 현재 몸으로 영원히 살 것처럼 행동한다. 그들은 그것이 무너지려 하는 것을 깨닫지 못한다. 장막은 우리가 단지 땅에서 우리의 최종 집을 향해 가는 순례자에 불과하다는 것을 알게 한다. 어떤 사람은 우리가 아침이면 떠날 것이기 때문에 말뚝을 너무 깊이 박지 말아야 한다고 충고한다.

항해하는 배

바울은 또 죽음을 배의 항해로 말한다. 앞에서 이미 인용한 구절에서 그는, "내가 그 둘 사이에 끼었으니 차라리 세상을 떠나서 depart 그리스도와 함께 있는 것이 훨씬 더 좋은 일이라 그렇게 하고 싶으나"빌 1:23 라고 했다. '떠나서'라는 낱말은 닻을 올릴 때 사용되었다. A. T. 로벗슨 Robertson 이 번역한 대로, 그것은 '닻을 올리고 바다로 나가는 것'이다.

그리스도로 인해 바울은 그를 하늘 목적지로 데려갈 이 특별한 항해를 시작할 준비가 되어 있었다. 그리스도는 이미 저편으로 성공적으로 항해하셨으며, 바울의 친구들과 함께 기다리고 계셨다. 물론 바울은 이편에도 친구들이 있었다. 그래서 그는 덧붙인다. "내가 육신으로 있는 것이 너희를 위하여 더 유익하리라"24절.

바울의 짐은 다 꾸려져 있었다. 그러나 현재로선 선장이 기다리라고 명령했다. 몇 년 후에 지구의 해안을 떠나는 일이 그에게 더 가까워졌다. 다시 바울은 그의 죽음을 '떠남'으로 말했다. "전제와 같이 내가 벌써 부어지고 나의 떠날 시각이 가까웠도다"딤후 4:6. 그가 출범할 신호가 임박했다. 그는 작별을 고했다. 그러나 그것은 잠시 동안일 뿐이었다. 바울이 디모데에게 돌아오지는 않겠지만, 디모데가 곧 건너와서 그들은 다시 만날 것이었다.

히브리서 저자는 동일한 표상들을 사용하여, 우리가 앞에 있는 소망을 붙잡으려고 그리스도께로 피하여 갈 수 있다고 말한다. 그는 덧붙여 말하기를 "우리가 이 소망을 가지고 있는 것은 영혼의 닻 같아서 튼튼하고 견고하여 휘장 안에 들어가나니 그리로 앞서 가신 예수께서… 우리를 위하여 들어가셨느니라" 히 6:19-20 고 한다. 그것은 우리가 우리의 닻을 우리 자신 안에 있는 무엇에 던지지 않는 것을 의미한다. 우리는 우리의 안전을 감정이나 경험에서 구하지 않는다. 우리의 닻은 그리스도께 단단히 고정되어 있다. 그는 자신의 피로 우리를 구원할 대가를 치르시고 이제 지성소 안에 거하신다.

필립 마우로 Philip Mauro 는 이것이 옛날에 배가 항구에 안전하게 들어오는 것을 도운 선구자 forerunner 를 상기시킨다고 지적한다. 선구자는 배에서 뛰어내려 항구로 헤엄쳐 와서, 배의 튼튼한 밧줄을 해안의 바위에 묶었다. 그러면 윈치 winch 에 의해 배가 항구로 들어왔다.

마찬가지로 우리의 선구자는 하늘에 가셔서, 우리를 지성소로 안전하게 인도하시기 위해 거기 서 계신다. 우리는 움직일 수 없는 바위에 묶여져 있다. 폭풍우가 우리의 돛을 갈가리 찢을지라도, 마룻바닥에 물이 새어들지라도, 거센 바람이 우리의 항로를 바꾸려 할지라도, 조수潮水가 우리를 압도할지라도, 우리는 항구에 안전하게 다다를 것이다. 매일 매일 우리는 죽음보다 더 강함을 입증하신 분에 의해 조금씩 조금씩 항구에 더 가까이 이끌려간다.

큰 물결이 일 때,
우리의 영혼을 튼튼하고 견고하게 지켜주는
닻이 우리에게 있다.
그것은 움직일 수 없는 바위에 고정되어 있으며,
구세주의 사랑 안에 단단하고 깊숙이 자리잡고 있다.

존 드럼몬드 John Drummond는 어떤 선장이 병원에서 죽어가는 한 사람을 방문한 이야기를 한다. 병실에서 선장은 서로 다른 색깔의 깃발들로 병자의 침대가 둘러싸여 있는 것을 보았다. 이야기를 나누면서 그 선장은 여러 해 전에 그들 둘이 같은 배에서 일했었다는 것을 알게 되었다.

"이 깃발들은 무엇을 의미합니까?" 선장이 물었다.

"당신은 그 의미들을 잊으셨나요?" 죽어가는 사람이 반문했다.

"이 깃발들은 배가 출항할 준비를 갖춘 채 명령을 기다리고 있음을 의미하지요."

우리의 깃발들은 언제나 나부끼고 있어야 한다. 왜냐하면 우리가 언제 떠날지 모르기 때문이다. 우리는 그 날짜도 시각도 알지 못한다. 어떤 이들이 다른 이들보다 좀더 오래 전에 통지를 받을지라도, 천상의 괘종이 울리면 모두가 가야 한다.

감사하게도 우리는 우리 항해의 마지막 여정을 떠날 준비를 할 수 있다. 그리스도가 그의 백성을 안전하게 항구로 인도하신다.

영원한 집

어떤 의미에서, 천국을 우리 집으로 말하는 것은 비유적인 표현이 아니다. 천국은 실제로 우리의 집이다. 예수님은 그가 제자들을 떠나시는 것을 저 세상에서 그들을 위해 집을 짓기 위한 것으로 말씀하셨다.

> 내 아버지 집에 거할 곳(monai)이 많도다 그렇지 않으면 너희에게 일렀으리라 내가 너희를 위하여 처소를 예비하러 가노니 가서 너희를 위하여 거처를 예비하면 내가 다시 와서 너희를 내게로 영접하여 나 있는 곳에 너희도 있게 하리라(요 14:2-3).

흠정역 성경의 '많은 저택들many mansions'은 20만 평방미터의 넓은 앞마당에, 차도에는 리무진들이 주차된 대목장 양식의 집들을 연상시킨다. 그러나 헬라어 낱말 '모나이monai'는 실제로 '거주하는 곳', 우리가 집으로 부를 수 있는 곳을 의미한다.

우리는 그리스도가 우리를 위해 천국에 거처를 마련하는 데 2천 년씩이나 공사를 하고 계시다고 생각해서는 안 된다. 그리스도가 땅에서 목수셨기 때문에 그가 영광 중에도 기술을 사용하셔서 우리가 도착할 날을 위해 방들을 만들고 계신다는 우스갯소리가 있다.

하나님은 무엇을 미리 하실 필요가 없다. 그는 우리의 미래 집을 한순간에 지으실 수 있다. 그리스도께서 말씀하신 요지는 단순히 바다에 나간 아들의 귀가를 준비하는 어머니와 같이, 그리스도가 하늘에서 우리의 도착을 기다리신다는 것이다. 천국은 우리가 속한 곳이기 때문에 바로 우리의 집으로 불린다.

바울은 이 세상에서 우리가 몸에 '거하나' 오는 세상에서는 우리가 주와 함께 '거할' 것을 말했다[고후 5:6-8]. 그리고 또한 자신이 어느 쪽 집을 선호하는지를 확실하게 밝혔다. "우리가 담대하여 원하는 바는 차라리 몸을 떠나 주와 함께 있는 그것이라"[8절]. 그가 장막보다 저택을 선호한 것은 당연했다.

나는 집을 떠날 때 돌아오는 것을 두려워하지 않았다. 오히려 나는 대학에서 너무 외로워 크리스마스 휴가가 오기를 손꼽아 기다렸다. 부모님과 형제들을 만나 가족의 사랑을 나누고 싶었기 때문이었다. 식탁에 둘러앉아 나에게 필요한 그 사랑과 용납과 위로를 얻었다. 집, 정말 좋은 집.

죽음이 바로 우리의 마지막 집을 향해 가는 길이라면, 왜 우리가 그것을 두려워해야 하는가? 예수님은 아무것도 두려울 것이 없다고 우리를 안심시키신다. 이처럼 우리가 죽게 될 것을 아는 것은 우리에게 이 세상에서 승리의 삶을 살 수 있는 용기와 희망을 준다.

우리 대부분은 우리가 계속하여 살 것이란 말을 들을 때 위안을 받는다. 그런데 바울은 그가 곧 죽으리란 말을 들었을 때 위안을 받았다. 그는 계속하여 죽음을 '훨씬 더 나은' 것으로 언급했다.

우리가 죽음을 낙관적으로 보지 않는 것은 죽음이 우리를 집으로 데려다주는 것이 아니라, 우리를 집에서 데려가버리는 것으로 생각하기 때문일 수 있다. 바울과 달리, 우리는 우리의 장막에 너무 안주하고 있어서 이동하기를 원하지 않는다.

그러나 옛 노래는 이렇게 말하고 있다.

죄 많은 이 세상은 내 집 아니네.
내 모든 보화는 저 천국에 있네.

죽는 것은 하늘에 있는 집으로 가는 것이다. 사는 것은 땅에 있는 외국에 거주하는 것이다. 언젠가 우리는 이 차이를 훨씬 더 잘 이해하게 될 것이다. 그러나 미래는 믿음으로 by faith 우리의 것이다.

구약 성경에는 죽지 않고 천국에 올라간 사람에 대한 아름다운 이야기가 있다. "에녹이 하나님과 동행하더니 하나님이 그를 데려가시므로 세상에 있지 아니하였더라" 창 5:24. 한 소녀가 성경학교에서 배운 것을 어머니에게 설명했다. "어느 날 에녹과 하나님이 오래오래 산책을 했는데, 에녹이 시간이 너무 늦었다고 말했어요. 그러자 하나님이 '너의 집보다 이제 우리 집이 더 가까우니 오늘 밤에 우리 집에 가는 것이 어떻겠니?' 라고 말씀하셨어요."

우리가 땅보다 하늘에 더 가까울 때, 우리는 그대로 계속 걸어 하나님의 집에 이를 것이다. 집은 우리가 속한 곳이다.

건강한 슬픔

비록 이런 비유들이 우리에게 위로를 주지만, 우리는 여전히 죽음이 공포스러울 수 있다는 것을 안다. 바울은 묻는다. "사망아 너의 승리가 어디 있느냐 사망아 네가 쏘는 것이 어디 있느냐"^{고전 15:55}. 벌은 오직 한 번만 사람을 쏠 수 있다. 침이 없어지면, 그 곤충은 여전히 우리를 놀라게 할 수는 있을지라도 더 이상 아무 해도 입히지 못한다. 그리스도가 사망의 쏘는 것을 제거하셨기 때문에, 그것은 이제 단지 위협만 할 뿐이며 그 위협들을 결코 실증할 수 없다.

우리가 우리의 죽음을 승리의 기쁨으로 맞이할 수 있을 것인가? 나는 나 자신의 임박한 죽음을 맞이한 적이 없다. 만약 내가 시한부 인생을 살 것이라는 말을 듣는다면, 내가 어떻게 반응할지 나는 알지 못한다.

다만, 나는 죽는 은혜^{dying grace}가 필요하기 오래 전에 죽음을 맞이했으면 좋겠다. 그러나 유명한 영국 설교자 찰스 H. 스펄전^{Charles Haddon Spurgeon}은 죽음이 멸망되어야 할 마지막 원수이며, 우리는 그를 최후까지 남겨두어야 한다고 말한다. 그는 덧붙인다.

> 형제들이여, 여러분에게 죽는 은혜는 여러분이 죽는 바로 그 순간에 필요할 뿐입니다. 여러분이 아직 살아있는 동안에, 죽는 은혜가 무슨 유익이 되겠습니까? 보트가 필요한 때는 오직 여러분이 강을 건너야

할 때뿐입니다. 사는 은혜를 구하십시오. 그리고 그로써 그리스도를 영화롭게 하십시오. 그러면 여러분들은 때가 될 때 죽는 은혜도 누릴 것입니다.

여러분의 원수는 멸망할 것이지만, 그것이 오늘은 아닙니다… 최후의 충돌은 최후로 원수가 진격해올 때 하기로 하고, 여러분은 다만 그 싸움에서 여러분의 자리를 지키고 계십시오. 때가 되면 하나님께서 여러분을 도와 여러분의 원수를 정복하게 하실 것입니다. 그러나 그 사이에 여러분은 세상과 육신과 마귀를 정복하십시오.

죽음을 대면하기를 두려워했던 일부 신자들은 자신들의 때가 왔을 때 그들에게 은혜롭게 죽을 수 있는 힘이 있다는 것을 발견했다. 이 땅에서 우리를 인도하시는 그 동일한 하나님이 천국까지 계속 우리를 호위하실 것이다. "주의 교훈으로 나를 인도하시고 후에는 영광으로 나를 영접하시리니" 시 73:24.

코리 텐 붐Corrie ten Boom이 소녀였을 때, 방금 죽은 이웃 사람의 집을 방문한 것이 그녀가 처음으로 죽음을 경험한 것이었다. 자신의 부모 역시 언젠가는 죽으리란 사실을 생각했을 때, 아버지가 그녀를 안심시키기 위해 질문했다. "우리가 암스테르담에 갈 때 내가 언제 너에게 차표를 주지?"

"기차를 타기 직전에요."

"맞았다. 마찬가지로 우리 하나님 아버지도 우리가 죽을 때 우리에게 꼭 필요한 것을 주실 거다. 네가 그것을 필요로 하는 바로 그때 그것을 네게 주실 거야."

죽는 은혜는 우리 자신의 임박한 죽음이든 사랑하는 사람의 죽음이든, 우리가 전혀 슬퍼하지 않을 것을 의미하지 않는다. 일부 그리스도인들은 죽음을 슬퍼하는 것은 믿음이 부족한 것을 나타낸다고 잘못 생각한다. 따라서 그들은 고통스러운 상실감을 정직하게 다루기보다 자신을 꿋꿋하게 유지해야 한다고 생각한다.

건강한 슬픔은 우리로 하여금 존재의 새로운 국면으로 이동할 수 있게 하는 슬픔이다. 고인의 유족들은 홀로 사는 법을 배워야 하고, 부모는 자녀의 죽음으로 생긴 외로움을 견뎌야 한다. 고통을 정직하게 다루는 슬픔은 치유 과정의 일부다. 그리스도는 나사로의 무덤에서 우셨으며, 겟세마네 동산에서 그 자신의 임박한 죽음을 두고 '심한 통곡과 눈물로' 기도하셨다 히 5:7.

슬픔과 비애는 마땅히 있을 수 있다. 친구가 시카고에서 애틀랜타로 이사할 때 우리가 외로움의 아픔을 느낀다면, 친구가 우리를 떠나 하늘로 갈 때 어떻게 우리가 슬퍼하지 않을 수 있겠는가? 신구약 성경의 많은 구절들이 죽음으로 인한 이별을 성도들이 얼마나 슬퍼했는지 말해주고 있다. 최초의 순교자 스데반이 돌에 맞아 죽었을 때, "경건한 사람들이 스데반을 장사하고 위하여 크게 울"었다 행 8:2.

세 아들의 죽음을 경험한 조 베일리 Joe Bayly 는 자신의 경험에 대해 "죽음은 우리에게 상처를 입히지만, 상처는 낫기 마련이다. 시간이 지나면 그것은 치유될 것이다. 그러나 우리는 낫기를 바라야 한다. 우리가 상처에서 계속하여 딱지를 떼내는 어린아이와 같아서는 안 된다"[2]고 썼다. 그리스도인으로서 우리는 죽음이란 경험의 '이미 우리의 것'과 '아직 아닌 것' 사이에 긴장을 지니고 산다. 바울은 신자들이 '소망 없는 다른 이와 같이 슬퍼하지 않' 도록 그리스도의 재림을 고대해야 한다고 말했다 살전 4:13. 슬픔은 있을 것이지만, 그것은 세상의 슬픔과 다르다. 소망의 눈물과 절망의 눈물은 다른 것이다.

슬픈 자들을 위로하기 원하는 자들은 슬픔에 압도된 자들에게 있어 말은 공허한 종소리와 같다는 것을 기억하라. 단지 그들과 함께 있으면서 '우는 자들로 함께 울라' 롬 12:15. 우리는 말보다 행위로 훨씬 크게 관심과 사랑을 표할 수 있다. 우리의 함께 있음과 눈물은 말이 전할 수 있는 것 이상을 전할 수 있다.

도날드 그레이 반하우스Donald Grey Barnhouse는 아내를 장사지내고 집으로 돌아오는 길에 아이들을 위로할 방법을 생각했다. 바로 그때 거대한 이삿짐 트럭이 그림자를 드리우며 그들의 차 옆을 지나갔다. 곧바로 반하우스가 물었다. "얘들아, 너희는 저 트럭에 치이는 것이 낫겠니, 그 그림자에 치이는 것이 낫겠니?" 아이들이 대답했다. "물론 그림자에 치이는 것이 낫지요!"

반하우스가 말했다. "2천 년 전에 죽음의 트럭이 예수님을 치었단다… 이제는 단지 죽음의 그림자만 우리 위를 지나갈 뿐이란다."

---

2. Joseph Bayly, The View from a Hearse(Elgin, Ill.: David C. Cook, 1969), 36.

내가 사망의 음침한
골짜기로 다닐지라도
해를 두려워하지 않을 것은
주께서 나와 함께 하심이라
주의 지팡이와 막대기가
나를 안위하시나이다
(시 23:4)

죽음은 우리를 그분에게로 데려가기 위해 우리의 하나님 아버지가 보내시는 마차다.

제 4 장
어서 오라. 마침내 네가 왔구나!
인성(人性) | 중간 상태 | 부활의 몸 | 유아들의 죽음 | 우리의
원수, 우리의 친구

델 파센펠드Del Fahsenfeld가 지난 4월에 희귀한 뇌종양과 싸우고 있을 때 의사들은 그가 성탄절이 오기 전에 죽을 것이라고 말했다. 내가 델과 면담했을 때, 그는 나에게 자신이 아직 힘이 있을 때 하나님을 열심히 섬겨서 그가 연약해질 때 고통을 담대하게 견딜 수 있기를 바란다고 말했다. "밤 늦게 집에 들어왔을 때, 당신이 어둠 속에서도 집 안을 잘 다닐 수 있는 것은 당신이 밝을 때 그곳에 많이 있었기 때문이지요."

그 해 11월, 델이 죽었을 때 그와 함께 있었던 사람들은 그가 평온하게 죽었다고 전해주었다. 그에게 사망의 어두움은 빛과 같았다. 그는 그 마지막 시간을 위해 준비되어 있었다. 그가 오랜 세월 동안 알던 그리스도가 커튼을 지나 저편에 이르기까지 그를 친히

인도하셨다.

우리가 죽은 1분 후에 무슨 일이 일어날 것인가?

땅에서 친척들이 슬퍼하는 동안 우리는 우리의 상상을 초월하는 새로운 환경에 처할 것이다. 아마 당신은 나사로를 '아브라함의 품'에 데려간 천사들처럼 목적지까지 당신을 호위하는 책임을 맡은 천사들을 볼 수도 있을 것이다.

1956년 1월에 5명의 선교사들이 에콰도르 정글에서 창에 찔려 죽었다. 그들을 찌른 사람들은 모두 그리스도인들이 되었다. 그리고 그 사람들은 순교자들 가운데 한 사람의 아들인 스티브 세인트 Steve Saint 에게 그 살인이 일어났을 당시에 천사들로 보이는 존재들을 보았으며 그 소리를 들었다고 말했다. 멀리서 숨어있던 한 여인 역시 이 존재들이 나무 위에 있는 것을 보았으며, 음반에 담긴 기독교 성가를 듣고서야 그 음악이 어떤 것인지를 알았다고 했다.[1]

이처럼 천사들이 나타나는 것이 흔한 일은 아닐지라도, 이 사건은 땅에서 우리를 지키는 천상의 존재들이 하늘에서 우리를 기다리고 있다는 것을 상기시킨다. 물론 우리의 가장 큰 소원은 그리스도를 보는 것이다. 그는 우리를 맞이하시기 위해 가까이 계실 것이다. 그러나 천사들 역시 가까이 있을 것이다.

우리가 그리스도의 양이기 때문에 그는 우리의 이름을 부르시며, 아마 스데반에게 하셨던 것처럼 일어서 계실 것이다 행 7:55. 우리

---

1. Steve Saint, "Did They Have to Die?" Christianity Today, 16, September 1996, 26.

74 | 당신이 죽은 1분 후

는 그의 눈길에서 동정과 사랑과 이해를 본다. 비록 우리가 자격이 없을지라도, 우리는 그가 진심으로 우리를 환영하시는 것을 안다. 우리는 그의 못 자국을 보며 그 발 앞에 엎드려 경배한다. 그의 부드러운 손이 우리를 일으켜주시지 않는다면, 우리는 일어서지 못할 것이다.

너무나 많은 것이 다르나, 그럼에도 당신은 여전히 동일하다. 당신은 의식의 중단 없이 천국에 들어갔다. 땅에 있는 친구들은 우리의 몸을 묻을 것이나, 그들은 우리를 묻지 못한다. 인성은 몸이 죽은 후에도 존재한다. 스데반이 죽기 직전에 "주 예수여 내 영혼을 받으시옵소서"라고 말했다. 그는 "나의 몸을 받으시옵소서"라고 말하지 않았다. 누군가가 말한 대로, "죽음은 강력한 사업이다." 이는 당신이 어떤 부당한 훼방 없이 어딘가 다른 곳에서 계속하여 살 것이기 때문이다.

당신의 인성이 계속되다

우리는 우리가 땅에서 하늘로 거처를 옮길 때 일어날 차이에 대해 이야기하는 데 익숙해있다. 그러나 비슷한 점들도 있다. 우리의 인성 personality 이 지속되는 것이 사실이라면, 우리는 어떤 연속성을 기대할 수 있다. 천국은 영화롭고 완전하게 된 신자들이 지상에서와 같이 생활하는 곳이다.

개인적인 지식이 계속되다

우리가 죽은 1분 후에, 우리의 정신과 기억은 이전 어느 때보다 분명해질 것이다. 2장에서 우리는 그의 기억을 고스란히 간직한 채 음부에 간 부자에 대한 이야기를 했었다. 그는 땅에 있는 자신의 가족을 알았으며, 탄원하여 말하기를 '내게 형제 다섯이 있으니' 라고 했다. 죽음은 우리가 아는 바를 바꾸지 않는다. 우리의 인성은 오늘 우리가 우리 정신에 저장한 지식을 그대로 간직할 것이다.

당신의 배경, 곧 당신의 부모, 형제, 자매, 가족의 재결합 등을 생각해보라. 당신은 천국에서 이 모든 것과 그 이상을 기억할 것이다. 당신은 지금 땅에서 아는 것보다 천국에서 덜 알 것으로 생각하는가? 그것은 상상할 수 없는 일이다.

일단 천국에 가면, 우리는 곧 많은 사람들을 만나게 될 것이다. 어떤 사람들은 이생에서나 교회사를 통해 우리가 알았고, 또 어떤 사람들은 이 세상에서는 무명이었으나 오는 세상에서 똑같이 존경받는 이들이 되어 있을 것이다. 변화산에서 예수님의 세 제자들은 모세와 엘리야를 만났다. 우리가 아는 한 그들에게는 소개가 필요 없었다. 이름표가 필요하지 않았다. 천국에서 우리는 모든 것을 직관적으로 알 것이다. 이는 우리의 정신이 죄로 인해 제한될 수밖에 없었지만, 거기에서는 자유롭게 될 것이기 때문이다.

물론 우리는 모든 것을 알지는 못할 것이다. 그와 같은 지식은 오직 하나님께만 속하기 때문이다. 그러나 우리는 '주께서 나를 아신 것같이 내가 온전히 fully 알 게 될 것이다'고전 13:12. 천국에서 우리는 땅에서 우리가 아는 것과 같이 알 뿐 아니라 더 많이 알 것이다. 다만 죄를 짓고자 하는 우리의 욕망은 더 이상 우리 존재의 일부가 되지 않을 것이다.

개인적인 사랑이 계속되다

음부의 그 부자는 자신의 형제들이 그 동일한 고통의 장소에 오게 될 것을 염려했다. 그는 자신의 형제들이 누구인지를 알았을 뿐 아니라, 그들을 위해 염려했다. 그는 형제들을 너무나 사랑하여 만약 그들이 이 고통의 장소에 오지만 않는다면, 그들을 다시 보지 못할지라도 기꺼이 감수하려 했다. 그는 형제들이 위로를 받는다면 자신은 고독을 견디고자 했다.

남편을 천국에 먼저 보낸 사람이 있는가? 천국에 간 당신의 남편은 그가 땅에서 했던 것처럼 계속해서 당신을 사랑할 것이다. 오늘 그는 더욱 깊고 진하고 순수한 사랑으로 당신을 사랑한다. 이 사랑은 하나님에 의해 정화된 사랑이다. 당신의 자녀는 당신을 사랑한다. 당신의 어머니와 아버지도 마찬가지다. 사고思考에 연속성이 있는 것과 같이 사랑에도 중단은 없다. 죽음은 땅에서의 연결을 끊지만, 천국에서 그것을 다시 이어준다.

그리스도는 우리가 천국에서 장가도 가지 않고 시집도 가지 않을 것을 분명히 하셨다. 그러나 그것은 우리가 성性이 없을 것을 의미하지는 않는다. 천국에서 우리는 우리의 성을 가질 것이다. 당신의 어머니는 여전히 천국에서 당신의 어머니로 알려지고, 당신의 아들이나 딸 역시 지상의 가족으로 알려질 것이다. 나는 체트 비터만Chet Bitterman이 선교사였던 아들이 게릴라들에 의해 살해된 후에 한 말을 좋아한다. "우리는 여덟 아들이 있어요. 그 애들은 지금 모두 살아있지요. 하나는 천국에서, 일곱은 땅에서 살고 있어요."

하나님에 대한 우리의 사랑 역시 강화될 것이다. 여기서 우리는 마침내 마음의 산만함이 없이 하나님을 사랑할 수 있다. 이제는 보는 것이 믿음을 앞섰기 때문이다. 죄가 되지 않는 것이라면, 우리는 땅에서 사랑한 것을 무엇이나 계속해서 사랑할 것이다. 천국에서 우리는 땅에서 우리가 사랑한 것과 같이 사랑하되, 더 많이 사랑할 것이다.

가능할 수 있을지는 몰라도, 천국에 있는 이들이 땅에 있는 우리를 실제로 볼 수 있다는 증거는 없다. 하지만 조금 더 가능성이 있어 보이는 것은, 그들이 우리가 어떻게 하는지에 관해 정기적으로 최신 정보를 얻을 수 있으리라는 것이다. 나는 천국에서 이런 요구가 거절될 거라고 생각하지 않는다.

어떤 할아버지가 돌아가셨을 때, 그의 7살 난 손녀가 무디 교회에서 아버지에게 물었다. "할아버지께 소식을 좀 전해 달라고 예수님께 부탁드릴 수 있을까요?" 그는 놀랐으나, 신학적으로 그것을 부정해야 할 이유가 없다는 것을 깨달았다. 그래서 그는 대답했다. "응, 아마 가능할 거야. 할아버지가 아시면 좋을 소식을 우리가 예수님께 말씀드리자."

우리는 예수님이 그 소식을 할아버지에게 전해주셨는지 알지 못한다. 하지만 이 어린 소녀의 신학이 다른 수백만의 사람들의 신학보다 훨씬 더 낫다는 것을 인정해야 한다. 그 아이는 비록 우리가 할아버지에게 소식을 전해주시도록 예수님께 기도할 수는 있어도, 예수님께 소식을 전해주시도록 할아버지에게 기도하지는 않는다는 것을 알았다.

그러나 우리는 천국에 있는 자들이 우리와 교통할 수 없다는 사실에 주의해야 한다. 1장에서 나는 성경이 죽은 자와 대화하려는 어떤 시도도 엄격하게 금지한다는 것을 강조했다. 우리는 그들이 우리보다 더 잘 알 수 있으며, 언젠가 우리가 그들과 함께 있으리란 사실로 만족해야 한다. 하나님은 이 세상에서 우리가 알아야 할 모든 것을 우리에게 말씀하셨다. 우리는 사랑하는 이들을 그분의 사랑 가득한 돌보심에 온전히 맡길 필요가 있다.

천국에 있는 자들이 우리와 대화할 수 있다면, 그들이 무슨 말을 할 것인가? 그들은 우리에게 신실할 것을 촉구할 것이다. 그들은 우리에게 만약 우리가 하나님이 얼마나 관대하신지를 안다면 우리는 그를 기쁘시게 하기 위해 우리가 할 수 있는 모든 일을 할 것이라고 말할 것이다. "생각하건대 현재의 고난은 장차 우리에게 나타날 영광과 비교할 수 없도다" 롬 8:18. 그들은 우리에게 이 땅에서 살 때 천국을 염두에 두라고 말할 것이다.

개인적인 느낌들이 계속되다

땅에서 당신이 느낀 가장 순수한 기쁨에 대해 생각해보라. 그 다음 그것을 여러 배로 곱하라. 그러면 당신은 천국에서 느낄 행복감을 어렴풋이 감지할 수 있을 것이다. 다윗은 그것을 알았던 것으로 보인다. "주의 앞에는 충만한 기쁨이 있고 주의 오른쪽에는 영원한 즐거움이 있나이다"시 16:11. 천국은 우리의 현재 신앙 생활에 있어 최고의 순간들을 더욱 완전하지 한다.

슬픔은 어떤가? 슬픔도 그렇다. 하나님 자신이 '그들의 눈에서 모든 눈물을 씻어주실' 때까지 슬픔은 있을 것이다계 7:17, 21:4. 땅에서 우리가 허비한 기회들을 생각할 때, 땅에서 우리가 얼마나 불완전하게 그리스도를 사랑하였는지를 생각할 때 우리는 슬퍼할 것이다. 그와 같은 슬픔은 사라질 것이나, 우리는 우리가 어떻게 했다면 더 좋았을지를 깨닫기 시작할 것이다.

죽은 영혼이 우리가 경험하는 것과 동일한 감정을 경험하는지에 대해 아직도 의문이 있다면, 다음 말씀을 읽어보라.

> 다섯째 인을 떼실 때에 내가 보니 하나님의 말씀과 그들의 가진 증거로 말미암아 죽임을 당한 영혼들이 제단 아래 있어 큰 소리로 불러 이르되 거룩하고 참되신 대주재여 땅에 거하는 자들을 심판하여 우리 피를 갚아주지 아니하시기를 어느 때까지 하시려하나이까 하니 (계 6:9-10).

지식과 사랑과 감정과 정의에 대한 욕구… 이 모든 것들은 우리 앞서 천국에 간 자들이 현재 지니고 있는 경험들이다. 우리의 인성

전체가 사후의 생으로 그대로 옮겨간다는 것을 기억하라. 천국은 지금과 다른 점들이 있지만, 그곳에는 당신의 친구들, 한때 땅에 살았던 바로 그 사람들이 살고 있다. 그들은 여전히 당신의 친구들이다.

개인적인 활동이 계속되다

천국에서 우리는 안식할 것이다. 그러나 그것은 아무 활동도 하지 않는 안식이 아니다. 아마 우리는 땅에서 우리가 알던 다양한 종류의 동일한 일들을 계속하기가 쉬울 것이다. 미술가는 전과 같이 여전히 미술을 할 것이고, 과학자는 하나님의 위대한 창조 세계를 계속하여 탐험할 것이다. 음악가는 음악을 할 것이다. 우리 모두는 계속해서 배울 것이다.

맥클라렌Maclaren이 말한 대로 우리는 여기서 묘목이지만, 하나님의 빛으로 자라도록 천국의 토양에 이식될 것이다. 여기서는 우리의 능력들이 꽃을 피우나, 그곳에서는 보다 위대한 아름다움의 열매들이 열릴 것이다. 우리의 죽음은 단지 충성스러운 봉사의 한 수준에서 다른 수준으로 이동하는 것뿐이다. 그 차이는 아직 태어나지 않은 아이와 새로운 삶의 세계로 들어온 아이의 그것과 같다. 하나님에 대한 우리의 사랑은 계속될 것이나, 새로운 순수성과 목적을 깨닫게 될 것이다.

유명한 청교도 작가 조나단 에드워즈Jonathan Edwards는 천국에서 성도들은 지상 교회에 대한 하나님의 섭리적인 돌보심을 묵상하는 데서 시작하여 하나님이 계획하시는 다른 국면들로 나아갈 것이며,

따라서 '성도들의 관심은 영원으로까지 증가될 것'이라고 믿었다.

'진정한 당신'이 그곳에 있을 것이다.

중간 상태

우리가 가진 의문은 이것이다. 지금 천국에서 성도들은 어떤 종류의 몸을 가지고 있을까? 영구적인 부활의 몸은 아직 미래의 일이다. 그렇다면 우리가 이 책을 읽는 이 순간 신자들은 과연 어떤 상태인가?

몸의 부활이 미래에 있는 일이기 때문에, 현재 천국에 있는 성도들은 몸이 없는 영들인가? 아니면 임시적인 '중간intermediate' 몸을 가지고 있다가, 영구적인 영화로운 몸을 받게 될 부활의 날에 폐기될 것인가?

고린도후서 5장 1절에 나온 바울의 말이 쟁점이 된다. "만일 땅에 있는 우리의 장막 집이 무너지면 하나님께서 지으신 집 곧 손으로 지은 것이 아니요 하늘에 있는 영원한 집이 우리에게 있는 줄 아느니라." 질문은 이것이다. 그가 말하는 우리가 '하나님께서 지으신 집… 영원한 집'을 받을 때는 언제를 가리키는가? 우리가 그 집을 죽는 동시에 받는가 또는 미래 부활의 때에 받는가? 바울은 그의 영혼이 몸이 없이 벌거벗은 상태로 존재할 것이란 생각에는 부정적이다.

한 가지 설명은 하나님이 죽은 신자들을 위해 어떤 몸을 창조하신다는 것이다. 그 몸으로 천국에 있는 구속받은 자들은 그리스도와 또 다른 사람과 관계할 수 있다. 죽은 신자들이 하나님을 찬양하는 노래를 부르며 교통할 수 있기 때문에, 그들은 그렇게 할 수 있는 어떤 몸을 가진 것이 틀림없어 보인다. 게다가 생과 사의 갈림길에서 어떤 이들은 먼저 죽은 친척이 그들의 도착을 기다리고 있는 것을 보았다고 실제로 증언했다. 그것은 성도들이 천국에서 이미 인식이 가능한 몸을 가지고 있다는 결론을 내리게 한다.

변화산에서 모세와 엘리야는 둘 다 영원한 부활의 몸을 가지고 있지 않았을지라도, 어떤 형태로든 몸으로 나타났다. 우리가 알고 있듯이 엘리야는 죽음을 맛보지 않고 하늘로 올려갔으며, 모세는 느보 산에서 죽어 하나님이 그를 묻으셨으나, 그들 역시 여전히 부활을 기다리고 있었다. 그럼에도 그들은 거기서 베드로와 야고보와 요한이 분명하게 알아볼 수 있는 모습으로 나타났고 말했다.

죽어서 음부에 간 부자는 몸을 가지고 있었음에 틀림없다. 이는 그가 인간의 언어를 사용할 수 있었으며, 자신의 혀를 서늘하게 하기 원했던 것으로 알 수 있다. 그는 볼 수 있는 눈과 들을 수 있는 귀를 가지고 있었다. 그의 몸은 그것이 어떤 종류든지 고통을 느끼고, 큰 구렁텅이의 저편에 있는 나사로를 알아볼 수 있었다. 보통 영靈은 그와 같은 기능을 수행할 수 없는 것으로 우리 대부분은 생각한다.

그러나 우리는 자문해볼 필요가 있다. 만약 성도들이 이미 천국에서 몸을 가지고 있다면 비록 일시적인 것일지라도, 왜 바울은 자신의 글에서 부활을 그토록 강조하는가? 그는 현재 천국에 있는 성도들이 불완전하며 부자연스런 상태에 있다는 것을 분명하게 지적한다.

따라서 두 번째 그럴듯한 설명은 죽은 사람의 영혼이 어느 정도 몸의 기능을 할 수 있다는 것이다. 영혼이 그와 같이 기능하기 때문에 그들은 서로 대화하며 천국에서 가시적인 모습을 가질 수 있다. 영혼의 이런 능력들은 앞에서 인용했던 요한계시록 6장 9-10절에 암시되어 있다. 제단 아래에 있던 영혼들은 하나님께 부르짖을 수 있는 목소리를 가지고 있었다. 게다가 이 영혼들은 실제로 하나님이 그들의 원수를 갚아주시기를 기다리는 동안 입고 있도록 흰 옷을 받았다.

사실 단어 '프쉬카스 psychas, '영혼들'로 번역' 는 넓은 의미로 '생명들' 또는 '사람들' 로도 번역될 수 있다. 그러나 이 낱말은 종종 몸과 구분되는 것으로서 '영혼' 으로 번역된다. 만약 그것이 요한이 의미한 바라면, 그것은 영혼이 형체와 신체적 특징들을 취할 수 있다는 견해를 믿은 것이 된다. 만약 이것이 우리에게 이상하게 여겨진다면, 그것은 아마 우리가 영혼에 대해 너무 제한된 개념을 가지고 있기 때문일 수 있다.

우리는 이런 견해들 가운데 어느 것이 옳은지 확신할 수 없다. 우리가 확신할 수 있는 것은 이 정도까지다. 신자들은 죽으면 곧바로 그리스도 앞으로 간다. 그들은 의식을 가지며, 신체의 모든 기능을 지휘할 수 있다. D. L. 무디 Moody 는 죽기 전에 이렇게 말했다.

"곧 여러분은 신문에서 제가 죽었다는 기사를 읽을 것입니다… 그것을 믿지 마십시오… 그 순간에 저는 이전 어느 때보다 더 확실하게 살아있을 것이기 때문입니다."

우리가 우리의 인성이 계속될 것을 확신하기 위해 정확히 어떤 종류의 몸을 가질 것인가를 반드시 알아야 할 필요는 없다. 우리는 땅에 있던 바로 그 사람일 것이며, 같은 생각과 느낌과 소원들을 가질 것이다. 비록 우리가 죄와 했던 싸움은 끝날지라도, 우리는 우리가 실제로 누구인가에 대해 매우 잘 알 것이다. 우리는 중간 상태에 있지 않고, 우리가 한 장소에서 다른 장소로 옮겨진 것을 조금도 의심하지 않을 것이다.

그럼에도 우리는 또 최후의 부활을 기다릴 것이다.

부활의 몸

부활에 대한 신약 성경의 교리는 우리가 하나의 영적·신체적인 통일체이며, 하나님이 우리를 다시 결합시키신다는 것을 확실하게 말하고 있다. 비록 영혼이 몸에서 분리될 수 있을지라도, 그와 같은 분리는 일시적일 뿐이다. 만약 우리가 영원히 살도록 되어 있다면, 우리는 반드시 몸과 혼과 영이 하나로 통일된 인간으로 되어야 한다.

일부 그리스도인들은 하나님이 우리를 위해 '엑스 니힐로[ex]

nihilo', 즉 무^無에서부터 새로운 영원한 몸을 창조하실 것으로 생각한다. 그러나 만약 그렇다면 부활의 교리는 필요가 없을 것이다. 고린도전서 15장에서 바울은 우리의 현재 몸과 미래 몸의 차이를 네 가지로 대조한다. "썩을 것으로 심고 썩지 아니할 것으로 다시 살아나며 욕된 것으로 심고 영광스러운 것으로 다시 살아나며 약한 것으로 심고 강한 것으로 다시 살아나며 육의 몸으로 심고 신령한 몸으로 다시 살아나나니"42-44절.

첫째, 우리는 썩을 몸으로 심고 썩지 아니할 것으로 다시 살 것이다. 땅에 심겨지는 씨앗과 같이 도토리와 나무 사이에, 낱알과 줄기 사이에 연속성이 있다. 한때 당신에게 속했던 모든 입자^{粒子}들이 부활해야 되는 것은 아니며, 하나님은 결함을 보완하시기 위해 추가적인 재료를 더하실 수 있다.

천국에서는 아무도 당신의 나이에 대해 뭐라 말하거나 세월이 대가를 요구하기 시작하는 것을 보지 못할 것이다. 당신은 지금부터 수천 년, 수억 년 동안 여전히 젊어 보일 것이다.

힌슨^{Hinson} 박사가 쓴 대로

별들은 수백만 년 동안 살 것이다,
수백만 년과 하루를.
그러나 별들이 다 사라진 뒤에도
하나님과 나는 살고있으며 사랑할 것이다

둘째, 우리는 욕된 것으로 심고 영광스러운 것으로 다시 살 것이다. 사람이 죽으면 보통 그 몸을 천으로 덮는다. 그것은 우리의 욕된 것을 사람들에게 보이지 않기 위함이다. 모든 죽은 몸은 우리의 수치를 일깨운다. 그것은 우리가 연약한 존재에 불과하다는 것을 상기시킨다. 그러나 우리는 능력으로 부활할 것이다.

셋째, 우리는 약한 것으로 심고 강한 것으로 다시 살 것이다. 부활의 몸은 물질적인 힘들에 종속되지 않는다. 그리스도께서 부활하신 후에 어떻게 닫힌 문을 통하여 들어오셨는지 기억하라. 천사가 무덤의 돌을 굴려낸 이유는 그리스도를 나오게 하기 위함이 아니라, 제자들을 들어가게 하기 위함이었다는 것을 명심하라.

마지막으로, 우리는 육의 몸으로 심고 '신령한 몸'으로 다시 살 것이다. '신령한 몸'을 가진다는 것은 우리가 단순히 영이 된다는 것을 뜻하지는 않는다. 그리스도의 영광스러운 몸은 너무나 인간적이어서 그는 제자들에게 자신을 만져보게 하셨으며, "내 손과 발을 보고 나인 줄 알라 또 나를 만져 보라 영은 살과 뼈가 없으되 너희 보는 바와 같이 나는 있느니라"고 확언하셨다 눅 24:39.

그것은 차이점을 지닌 연속성일 것이다. 미래의 우리 몸은 그리스도께서 부활하신 몸과 같을 것이다. "그가 나타나시면 우리가 그와 같을 줄을 아는 것은 그의 참모습 그대로 볼 것이기 때문이니" 요일 3:2. 함축된 의미들을 생각해보라.

그리스도께서 땅에서 가지셨던 몸과 하늘에서 가지신 몸 사이의 연속성은 분명하게 볼 수 있었다. 예를 들어 못 자국이 그의 손에 나있었다. 제자들은 즉시로 그리스도를 알아보았으며, 그는 심지어 해변에서 제자들과 함께 생선도 드셨다. 그러나 근본적인 변화들 역시 있었다. 그는 신체적인 노력 없이 한 곳에서 다른 곳으로 이동하실 수 있었으며, 문을 열지 않고 지나가실 수 있었다.

확실히 우리도 특별한 수고 없이 여행할 수 있을 것이다. 그리스도께서 갈릴리에 계시다가 갑자기 유대에 나타나신 것처럼, 우리 역시 지상에서 가지는 여행의 한계에서 자유롭게 될 것이다. 물론 그것은 우리가 하나님처럼 무소부재하게 될 것을 의미하지는 않는다. 우리는 한 번에 한 곳밖에 있지 못할 것이다. 다만 여행이 빠르고 힘이 들지 않을 것이다.

그럼에도 많은 사람들이 기뻐할 일로서, 우리는 여전히 먹을 것이다. 배가 고파서가 아니라 그것이 주는 교제가 좋아서 우리는 음식을 나눌 것이다. 부활 후에 그리스도는 갈릴리 해변에서 제자들과 생선을 드셨다. 그리고 물론 신자들은 어린 양의 혼인 잔치에 참여할 것이다.계 19:7.

유아들의 죽음

얼마 전 나는 아기를 잃은 가까운 한 친구와 통화를 했다. 친구의 딸은 태어난 지 하루만에 죽었다. 땅의 몸과 하늘의 몸 사이에 연속성이 있기 때문에 그 아기는 영원히 아기로 있을 것인가?

최근 나는 아내와 함께 할아버지 할머니가 되기를 무척 기다리고 있었으나, 하나님은 다른 계획을 가지고 계셨다. 우리의 손녀 사라Sarah는 유산되었다. 딸과 사위와 함께 우리는 실망과 슬픔 가운데서 하나님의 뜻을 알려고 고심했다.

나는 우리의 귀한 사라가 천국에 있는 것을 믿는다. 그러나 우리는 왜 우리가 사라와 다른 아기들이 그곳에 있으리라고 믿는지 그 이유가 분명해야 한다. 보통 알려진 견해와 달리, 아기들은 그들이 죄가 없기 때문에 천국에 있는 것이 아니다. 바울은 어린아이들이 아담이 지은 죄의 정죄함 아래 태어나는 것을 분명하게 가르쳤다롬 5:12. 사실 어린아이들이 죽음을 맛보는 것은 그들이 죄인으로 태어나기 때문이다.

또 우리는 세례 받은 아이들과 그렇지 못한 아이들을 구분해서도 안 된다. 그와 같은 의식儀式이 어린아이들을 하나님의 자녀로 만드는 것은 아니기 때문이다. 유아 세례 사상은 신약 성경이 다 기록된 수년 후에 북아프리카에서 생겼다. 그것이 언약의 한 표시로서 신학적으로 정당화될 수는 있을지는 몰라도 이는 논쟁의 여지가 있다, 어린아이에게 영생의 선물을 줄 수 있다는 증거는 전혀 없다.

만약 어린아이들이 구원받는다면 나는 그렇게 믿는다, 그것은 단지 하나님이 그들의 죄를 그리스도에게 전가하시기 때문이며, 또 그들이 믿음을 갖기에 너무 어려서 개인적 신앙의 요구 조건이 보류되기 때문이다. 우리는 그들이 개인적으로 책임을 질 수 있는 나이가 언제인지 알지 못한다. 나이를 제한하는 것은 불가능하다. 그것은 어린아이 각자의 능력과 정신적 발달에 따라 다를 수 있기 때문이다.

성경은 죽은 어린아이들이 주님과 함께있는 것을 강하게 암시한다. 다윗은 두 아들을 잃었을 때 몹시 슬퍼했다. 다윗은 자신을 반역한 아들 압살롬을 위해서 주체할 수 없이 울었고 위로받기를 거절했다. 이는 다윗이 그 젊은 아들의 운명을 확신할 수 없었기 때문이었다. 그러나 밧세바가 낳은 아들이 죽었을 때 그는 몸을 씻고 기름을 바르고 여호와의 전에 들어가서 경배했다. 그의 행동을 의아하게 여긴 사람들에게 그는 설명했다. "지금은 죽었으니 내가 어찌 금식하랴 내가 다시 돌아오게 할 수 있느냐 나는 그에게로 가려니와 그는 내게로 돌아오지 아니하리라" 삼하 12:23.

그리스도는 어린아이들이 하나님과 그의 나라에 매우 가까이 있는 것으로 말씀하셨다. "삼가 이 작은 자 중의 하나도 업신여기지 말라 너희에게 말하노니 그들의 천사들이 하늘에서 하늘에 계신 내 아버지의 얼굴을 항상 뵈옵느니라" 마 18:10. 어린아이들은 하나님의 마음에 가깝다.

아기는 천국에서 언제나 아기일 것인가? 제임스 버논 맥기James Vernon McGee는 하나님이 갓난아이들을 있는 그대로 부활시켜서 그들로 인해 가슴 아파한 어머니가 그 아기들을 안아볼 기회를 가지게 될 것이란 흥미로운 의견을 제시했다. 그 어린 손을 잡아볼 기회를 갖지 못했던 아버지 역시 그 특권을 누리게 될 것이다. 따라서 어린아이들은 그들의 부모와 함께 성장할 것이다.

그것이 사실인지 아닌지 우리는 모른다. 그러나 이것은 우리가 확신할 수 있다. 천국에서 어린아이는 완전할 것이다. 그 아이가 충분히 자랐을 때의 모습으로 보이든지, 아니면 그의 정신적·신체적 능력들이 고양되어 구속받은 자들 가운데 완전한 지위를 가질 수 있게 될 것이다. 천국은 이류 시민이 있는 곳이 아니다. 모든 장애는 제거된다. 천국은 완전한 곳이다.

그러나 갓난아이의 죽음은 우리 모두로 하여금 하나님의 뜻과 목적과의 씨름을 하게 한다. 하나님이 생명의 선물을 주셨다가 그것이 만개하여 유익을 끼치기도 전에 거두어가시는 것은 이상하게 보인다. 그러나 우리는 그것을 즉시로 분별하지 못할지라도, 그와 같은 생명에도 분명 어떤 목적이 있다는 것을 확신할 수 있다.

제임스 버논 맥기는 다시 말한다. 목자가 가시가 있는 굽이진 산길을 올라 더 나은 초장으로 그의 양들을 인도하려 할 때, 종종 양들은 목자를 따르려 하지 않는다. 양들은 그들이 잘 모르는 산등성이와 날카로운 바위들을 두려워한다. 그러면 목자는 양 떼 속에 들어가 양팔에 각각 어린 양을 하나씩 안는다. 그리고 위태로운 그 길을 올라가기 시작한다. 곧 두 어미 양들이 따르기 시작하고, 후에는 전체 양 무리가 따라온다. 이렇게 하여 그들은 굽이진 길을 지나 더 푸른 초장으로 올라간다.

선한 목자도 마찬가지시다. 때로 그는 양 떼 속에 들어가 어린 양을 찾아 안으신다. 그는 그의 백성을 인도하기 위해, 양 떼가 그 어린 양을 따라 집에까지 이르도록 그들을 새로운 높이의 헌신으로 끌어올리기 위해 그 경험을 사용하신다.

한 어린 소녀가 아버지와 함께 머물고 있던 호텔에서 죽었다. 소녀의 어머니는 이미 죽었기 때문에, 아버지와 목사 두 사람만이 시신을 운반해 묘지로 갔다. 그 아버지는 열쇠를 받아 관을 열고 마지막으로 딸의 얼굴을 보면서 주체할 수 없이 슬퍼했다. 그 다음 그는 관을 닫고 열쇠를 묘지기에게 건네주었다.

돌아오는 길에 목사는 그 상한 마음의 아버지에게 요한계시록 1장 17-18절 말씀을 인용하여 들려주었다. "두려워 말라 나는 처음이요 마지막이니 곧 살아있는 자라 내가 전에 죽었었노라 볼지어다 이제 세세토록 살아있어 사망과 음부의 열쇠를 가졌노니."

"당신은 아마도 당신 딸의 관을 여는 열쇠가 묘지기의 손에 있다고 생각하실 거예요." 목사가 말했다. "그러나 그 열쇠는 하나님의 아들의 손에 있습니다. 언젠가 그가 오셔서 그것을 사용하실 거예요."

밥 누도프 Bob Neudorf 는 '나의 아기에게' 란 시를 썼다.

관에 넣기에는
아기가 너무 작다.
이런 이유로 울어도 될까?
그렇다. 나는 그렇다고 생각한다.
예수님이
나의 너무 작은 아기를
그의 따뜻한 품에 안고 계실까?

그렇다. 나는 그렇다고 생각한다.
나의 아기, 너에 대해
나는 모르는 것이 너무 많구나!
아들이었을까, 딸이었을까?
조용한 아기였을까, 시끄러운 아기였을까?
내가 그토록 잘 모르고
그럼에도 그토록 사랑하는
그 아기를 내가 알아볼 수 있을까?
나는 그럴 것으로 생각한다.
아, 작고 귀여운 아기
너를 사랑하는 것이 하나님을 사랑하는 것과 같다고
내가 말해도 될까?
사랑하면서도 보지 못하고,
품고 있으면서도 만지지 못하며,
쓰다듬고 있으면서도 깊이 패인 시간의 틈으로 분리된 우리.
어떤 비석도 네가 이 땅에서 머물렀음을 표시하지 않지만,
오직 하나님만이 너의 이름을 기록하셨다.
잔치는 취소되지 않았으며,
단지 옮겨졌을 뿐이다. 단지 옮겨졌을 뿐이다.
그럼에도 눈물이 남아있다.
아기가 있어야 할 곳에서.

피터 마샬 Peter Marshall 이 워싱턴에서 구급차에 실려 병원으로 호

송되었을 때, 그의 아내 캐서린Catherine은 그 순간에 '삶이 기간dura-tion이 아니라 기여donation로 된 것'임을 깨달았다고 말했다.

중요한 것은 당신이 얼마나 오래 사는가가 아니라 당신이 어떤 기여를 하는가다. 마찬가지로 이런 어린 생명들 역시 기여를 했다. 그들은 사랑하는 사람들의 마음을 열어 우리가 모두 집을 향해 가고 있다는 것을 깨닫게 했다.

우리의 원수, 우리의 친구

왜 죽음이 그토록 축복인가? 바울은 말했다. "혈과 육은 하나님 나라를 이어받을 수 없고"고전 15:50. 사실 당신과 나는 오늘 우리의 모습 그대로 천국에 갈 수 없다. 아무리 주의 깊고 사전 지식을 갖추고 있을지라도, 아무리 깨끗하게 샤워를 하고 옷을 입을지라도, 우리는 천국에 어울리지 않는다. 우리는 썩는 몸으로 영원한 집에 살 수 없다.

죽음은 우리를 이생의 끝없음에서 구해준다. 죽음은 하나님을 사랑하는 자들을 그에게 가게 하는 수단이다. 바울은 천국이 지상보다 나은 것에 대해 조금도 의심하지 않았다. 그는 떠나서 그리스도와 함께 있고 싶어 안달했다. 그것이 '더욱 좋기' 때문이었다. 만약 우리가 우리 앞에 있을 일들을 볼 수만 있다면, 인공 호흡 장치와 다른 고도의 기술 장비와 더불어 하루 더 오래 살고자 하는 우리의 영웅적인 시도들은 불필요해 보일 것이다.

커튼의 이편에서만 죽음은 우리의 원수다. 커튼 저 너머에서 그 괴물은 우리의 친구로 변한다. '죽음'이란 꼬리표는 여전히 병에 붙어 있으나, 그 내용물은 '영원한 생명'이다. 죽음은 천국이 가깝다는 것을 일깨우기 때문에, 우리의 친구다. 얼마나 가까운가? 한 번의 심장 박동만큼, 한 번의 차 사고만큼, 한 발의 총탄만큼, 한 번의 비행기 충돌만큼 그것은 가깝다. 만약 우리의 눈이 영靈의 세계를 볼 수 있다면, 우리는 이미 우리가 그 문에 가 있는 것을 알 것이다.

저드슨 B. 팔머 Judson B. Palmer 는 아이오와 주의 한 교회에서 그의 선임 목사였던 A. D. 샌드본 Sandborn 에 대해 다음과 같이 이야기했다. 샌드본 목사는 심하게 앓고 있던 한 젊은 그리스도인 여자를 방문했다. 그 여자는 침대에 등을 받친 채 앉은 자세로 멀리 응시했다. "이제 곧 그들이 문을 열기만 하면, 나는 들어갈 거예요." 그 여자가 말했다.

그런 다음 그 여자는 실망으로 베개 위에 털썩 쓰러졌다. "그들이 나보다 먼저 마미에 Mamie 를 들어가게 했어요. 그렇지만 나도 곧 들어갈 거예요."

잠시 후에 그 여자는 다시 말했다. "그들이 나보다 먼저 그램파 Grampa 를 들어가게 했어요. 그렇지만 다음에는 확실하게 내 차례일 거예요."

아무도 그 여자에게 말하지 않았다. 그 여자도 더 이상 아무 말을 하지 않았다. 그 여자는 그 아름다운 도시의 광경 외에 아무것도 보는 것 같지 않았다. 샌드본 목사는 다른 해야 할 일들 때문에 그 집을 떠났다.

그날 늦게 샌드본 목사는 그 젊은 여자가 그날 아침에 죽었다는 소식을 들었다. 그는 그 여자가 했던 말이 인상 깊어서 그 가족에게 마미에와 그램파가 누군지 물었다. 마미에는 한때 이웃에 살다가 후에 뉴욕 주로 이사한 어린 소녀였다. 그램파는 그 가족의 친구로 남서부의 어느 지역에 살고 있었다.

샌드본 목사는 수소문 끝에 이 두 사람의 소식을 들었다. 그런데 놀랍게도 마미에와 그램파 두 사람 모두 9월 16일 아침, 그 젊은 여자가 영광에 들어간 바로 그날 아침에 죽었다는 것이었다.

죽음은 길의 끝이 아니다. 그것은 단지 길의 굽은 곳에 불과하다. 그 굽은 길을 그리스도께서 먼저 가셨다. 그는 우리가 스스로 길을 발견하기를 바라지 않으신다. 때때로 우리는 그리스도가 저편에서 우리를 만나주실 거라고 말한다. 물론 그것은 사실이다. 하지만 오류가 조금 있다. 그가 커튼의 바로 이편에서 우리와 동행하시며, 그 입구를 지나도록 우리를 인도하신다는 사실을 결코 잊지 말라. 우리가 거기서 그를 만날 것은 우리가 여기서 이미 그와 만났기 때문이다.

무덤은 죽음이 아니라 생명으로 가는 입구다. 무덤은 눅눅하고 어두운 공간이 아니라 하늘로 가는 문이다. 우리가 죽을 때 하나님 안에 있는 것은 아무것도 죽지 않으며, 또 그의 신실함은 계속된다.

이교도들이 초대 교회에 대해 기록하기를 순교한 교인들을 마치 개선장군처럼 운반하였다고 한 것은 조금도 놀라운 일이 아니다.

그리스 철학자 아리스티데스Aristides는 기독교의 비상한 성장에 대해 놀라움을 금치 못하면서 친구에게 편지를 썼다. "기독교인들은 그들 가운데 누구라도 죽으면 기뻐하며 하나님께 감사하고, 마치 그가 한 장소를 떠나 근처의 다른 장소로 가는 것처럼 그 시신을 노래와 감사로 호위하며 따른다네."

정말 그렇다. 죽음을 통해 신자들은 한 곳을 떠나 다른 곳으로 간다. 슬퍼할 이유는 있으나 '소망 없는 다른 이'와 같지는 않다. 불신자들은 그리스도인들이 이처럼 확신에 차서 뭔가 다르게 죽는 것에 대해 주목했다.

그리스도는 우리를 안심시키신다. "나 있는 곳에 너희도 있게 하리라" 요 14:3.

제 5 장
새 예루살렘에서의 생활

도성의 크기 | 도성의 재료 | 우리의 새 직업 | 우리의 새 가족 | 새로운 질서

당신은 친구들에게 둘러싸인 채 병원에 누워있었다. 그들은 지난 이틀 동안 병실을 드나들 때 발꿈치를 들고 조심스럽게 다녔다. 의사는 당신의 죽음이 임박한 것을 말하지 않았다. 왜냐하면 당신이 이미 끝이 가깝다는 것을 알고 있었기 때문이었다. 당신은 용기를 내어 가족에게 당신의 장례에 대해서도 말했다. 그리고 이 시간을 대비하기 위해 당신이 할 수 있는 모든 일을 했다는 것을 알고 마음도 홀가분했다. 여행을 위해 당신은 모든 짐을 다 꾸렸다.

마지막 숨을 거두면, 의사가 와서 죽음을 확인할 것이다. 당신의 몸은 흰 천으로 덮여 영안실로 옮겨지고, 가족은 병실을 떠날 것이다. 가족이 장례를 의논하는 사이에, 당신은 이미 영원한 집에 도착해있을 것이다.

우리는 앞에서 우리가 의식의 중단 없이 천국으로 이동한다는 것을 강조했다. 우리는 그리스도를 만나고 구속받은 성도들을 소개받을 것이다. 땅에서 알지 못했던 사람들도 당신이 때때로 좋아하는 음식점에서 함께 식사했던 지상의 친구들처럼 쉽게 친밀해질 것이다. 삼촌은 몇몇 친척들의 안부를 물을 것이나, 주된 대화의 주제는 그리스도의 아름다우심과 하나님의 놀라운 사랑 그리고 당신이 그와 같은 복을 받을 수 있게 한, 분에 넘치는 그의 은혜일 것이다.

저녁에 그리스도의 모습이 그려진 그림을 보았던 한 어린 소녀가 밤에 자면서 그리스도에 대한 꿈을 꾸었다. 아침에 그 아이는 말했다. "아, 예수님은 저 그림보다 100배나 더 나아요." 이제 당신은 직접 그를 보면서, 그가 우리의 가장 매혹적인 꿈보다 훨씬 더 낫다는 사실에 동의할 것이다.

한가할 때 당신은 새로운 집을 이리저리 살펴볼 것이다. 무엇보다 이곳은 당신이 영원히 살 곳이므로 살펴볼 가치가 충분히 있다. 그리스도는 제자들에게 그가 예비하신 처소에 '거할 곳이 많'음을 보장하셨다. 그곳에는 구속받은 사람들 모두가 거하기에 충분히 많은 방이 있을 것이다.

요한계시록은 우리의 영원한 집 새 예루살렘을 가장 잘 묘사하고 있다. 요한은 이렇게 쓰고 있다.

또 내가 새 하늘과 새 땅을 보니 처음 하늘과 처음 땅이 없어졌고 바다도 다시 있지 않더라 또 내가 보매 거룩한 성 새 예루살렘이 하나님께로부터 하늘에서 내려오니 그 준비한 것이 신부가 남편을 위하여 단장한 것 같더라(계 21:1-2).

이 도성은 우리의 부활한 몸이 육의 몸에서 재창조된 것과 마찬가지로 새롭게 재창조된 것이다. 죄로 오염되었던 이전의 하늘^{대기권}과 땅은 새 창조 질서를 위한 공간을 만들기 위해 불로 소멸될 것이다^{벧후 3:7-13}. 이 새 도성은 하늘에서 내려온다. 이는 그것이 천상의 영역에 속하기 때문이다.

이제 이 아름답고 영원한 집의 몇몇 특징들을 살펴보자.

도성의 크기

그 도성의 크기는 약 2천 킬로미터의 정방형으로 성경에 기록되어 있다. "그 성은 네모가 반듯하여 길이와 너비가 같은지라 그 갈대자로 그 성을 측량하니 만 이천 스다디온이요 길이와 너비와 높이가 같더라"^{계 21:16}.

만약 우리가 그것을 문자적으로 이해한다면, 천국은 한 층의 높이가 5미터, 넓이가 미국 땅의 반 만한 크기인 39만 6천 층의 건물이 될 것이다. 그것을 독립된 콘도미니엄으로 나눈다면, 태초 이래 구속된 모든 사람들을 위한 충분히 많은 방을 만들 수 있을 것이다. 아브라함, 이삭, 야곱과 같은 구약의 성도들이 그곳에 있으며,

신약의 사도들과 2천 년의 교회 역사 동안 구속받은 모든 사람들이 거기에 있을 것이다. 천국은 그들 모두의 집이다. 그러나 불행하게도 세계 인구의 대다수는 그곳에 있지 않을 가능성이 높다. 그리스도가 설명하신 대로, 천국은 특별한 사람들을 위한 특별한 장소이기 때문이다.

당신은 많은 사람들 속에서 길을 잃을까 두려워할 필요가 없다. 모든 활동이 아래층 휴게실에서 이루어지는데, 1,000번째 층에 갇혀서 헤맬까 염려할 필요도 없다. 당신이 해야 할 일이란 어디에 갈 것인지를 결정하는 일뿐이다. 그러면 당신은 그곳에 가있을 것이다. 각각의 거주자는 그 나름의 독특한 사정에 따라 보살핌을 받을 것이다. 자기 양의 이름을 각각 부르시는 선한 목자는 그의 양 하나하나를 위해 특별한 장소를 마련하실 것이다. 누군가 말한 대로 그곳에는 다른 사람이 쓸 수 없는 면류관, 다른 사람이 들어갈 수 없는 처소가 우리를 기다릴 것이다.

도성의 재료

성경에는 도성의 재료가 세세하게 기술되어 있지만 그것을 상상하기는 매우 어렵다. 존 번연 John Bunyan 의 「천로역정 Pilgrim's Progress」에서 크리스천과 소망은 마침내 하나님의 도성을 보았을 때, 그곳이 너무나 아름다워 행복으로 병이 났다. 그들은 외쳤다.

"너희가 나의 사랑하는 자를 만나거든 내가 사랑함으로 병이 났다고 하려무나." 그 도성은 너무나 영화로워서 그들은 직접 바라볼 수 없었으며, 다만 바라보는 데 쓰기 위해 만들어진 도구를 사용해야 했다. 무엇보다 이곳은 바로 하나님이 거하시는 곳이 아닌가?

요한은 계시록에서 그 도성이 하나님의 영광을 가졌다고 썼다. "그 성의 빛이 지극히 귀한 보석 같고 벽옥과 수정같이 맑더라"계 21:11. 그 도성이 지상 예루살렘 성의 일부 특징들을 공유하는 것이 흥미로우나, 그 대조가 더욱 두드러지고 인상적이다. 새 예루살렘은 상상할 수 없을 정도로 아름답고 찬란한 도성이다.

첫째, 열두 기초석이 있는 성곽이 성을 두르고 있다. "그 성에 성곽에는 열두 기초석이 있고 그 위에는 어린 양의 열두 사도의 열두 이름이 있더라"계 21:14.

성곽이 기초한 각각의 돌은 서로 다른 종류의 보석으로 꾸며져 있는데 그 목록이 요한계시록 21장 19-20절에 나온다. 그 보석들은 대제사장의 흉패에 붙은 보석들과 대략 일치한다출 28:17-20.

그 성곽의 높이는 약 65미터로 나오는데 그것은 도성의 거대한 크기에 비교해 그리 높지 않지만, 안전을 유지하고 적절한 입구로만 들어오도록 통제하기에는 충분히 높다.

둘째, 문마다 한 진주로 된 열두 문이 있다계 21:12-21. 그것은 도성에 들어가는 입구가 제한되어 있다는 것을 말해준다. 오직 그곳에 속한 자들만 입장이 허용되며, "무엇이든지 속된 것이나 가증한 일 또는 거짓말하는 자는 결코 그리로 들어가지 못하되 오직 어린 양의 생명책에 기록된 자들만 들어가리라"²⁷절.

요한은 그 성곽 밖에 있는 자들에 대해 더 설명한다. "개들과 점 술가들과 음행하는 자들과 살인자들과 우상 숭배자들과 및 거짓말을 좋아하며 지어내는 자는 다 성 밖에 있으리라"²²:¹⁵. 그 이름이 생명책에 기록되어 있는 자들만 들어오도록 각 문에는 보초를 서는 천사가 있다.

그 열두 문은 세 문씩 동서남북 각 방향을 향해 있다. "동쪽에 세 문, 북쪽에 세 문, 남쪽에 세 문, 서쪽에 세 문이니"²¹:¹³. 이것은 땅의 모든 족속들을 나타내는 것으로 복음이 모든 사람들을 위한 것임을 상기시킨다.

구약의 성도들과 신약의 성도들 모두가 포함된 점을 주목하라. 이스라엘 자손 열두 지파의 이름은 성문에 기록되어 있고, 신약의 사도들의 이름은 기초석에 새겨져 있다. 이것은 모든 세대에 걸쳐 하나님의 백성이 되는 통일성을 분명하게 나타낸다.

도성의 거리로 말하면, 그것은 '맑은 유리 같은 정금' 이다²¹:²¹. 그곳은 하나님의 영광으로 빛나고, 어린 양이 그 등이다. 이제 우리는 존 번연이 순례자들이 그 도성을 보기 위해서는 특별한 도구를 가져야 한다고 말한 이유를 더 잘 이해할 수 있다. 그것의 아름다움은 우리의 이해 능력을 초월한다. 우리가 끝없는 감탄과 더불어 그것을 바라보기 위해서는 변형된 몸과 마음이 필요하다.

그리스도가 우리를 위해 거처를 예비하러 가신다고 말씀하셨을 때, 그는 어떤 사람들의 말대로 그 건물을 짓기 위해 많은 시간이 필요하다는 것을 뜻하신 것이 아니었다. 하나님은 천상의 예루살렘을 한순간에 창조하실 수 있다. 그리스도가 강조하신 것은 우리가 하나님과 함께 있으리란 것과 그의 존재가 우리를 둘러싼 환경보다 훨씬 더 경이로우리란 것이다.

우리의 새 직업

미국에는 적어도 4만여 가지의 직종이 있는 것으로 추산된다. 그렇게 종류가 많음에도, 자신의 일에 매우 만족하는 사람들의 비율은 비교적 낮다. 인사 문제, 적절하지 못한 보수에 대한 불만, 틀에 박힌 일의 권태로움 등 많은 이유들이 있다. 만족하는 사람들은 정말 소수다.

그러나 천국에서 그와 같은 문제들은 영원히 우리와 상관이 없을 것이다. 각각의 직무 설명서에는 주요 책임 두 가지가 포함될 것이다. 하나님께 대한 예배와 우리가 받은 능력으로 주님을 섬기는 봉사가 그것이다.

하나님을 예배함

예배의 특권을 살펴보자.

천국은 무엇보다 하나님이 거하시는 곳이다. 물론 하나님은 무소부재하시기 때문에, 그의 임재는 천국으로 제한되지 않는다. 솔로

몬은 그것을 바로 인식했다. "하늘과 하늘들의 하늘이라도 주를 용납하지 못하겠거든 하물며 내가 건축한 이 성전이오리이까" 왕상 8:27.

그럼에도 하나님은 천국에 거하신다. 요한은 하나님이 보좌에 앉으시고, 그 주위를 둘러 24보좌들이 있으며, 그 보좌들에 왕을 경배하는 24장로들이 앉아 있는 것을 보았다. "보좌로부터 번개와 음성과 우렛소리가 나고" 계 4:5. 그 보좌 주위에서 이루어지는 활동은 어떤 것인가? 거기에는 무한한 기쁨과 자발적인 예배가 있다.

말할 필요도 없이 지상의 성도들은 불완전하다. 그들은 다툼과 성욕과 교리적 탈선으로 시달린다. 교회사에 관한 책을 읽어보라. 그러면 당신은 교회가 2천 년 동안 이런 것들을 견디고 살아남은 사실에 놀랄 것이다.

완전한 교회에 속한다는 것이 어떤 일일지 생각해본 적이 있는가? 요한이 천국을 들여다보았을 때 발견한 것이 바로 그것이다. 육체의 한계와 마귀의 반대에서 자유롭게, 그 완전한 교회는 자의식이나 불순한 동기 없이 그리스도를 찬양하고 있다.

요한은 천국에서 예배가 이루어지는 것을 거듭거듭 본다. 회개하지 않은 죄인들에 대한 하나님의 심판이 예고된 후에도 성도들은 다른 피조물과 더불어 하나님을 찬송한다.

> 보좌에서 음성이 나서 이르시되
> 하나님의 종들 곧 그를 경외하는 너희들아 작은 자나 큰 자나 다 우리 하나님께 찬송하라 하더라 또 내가 들으니 허다한 무리의 음성과

도 같고 많은 물 소리와도 같고 큰 우렛소리와도 같은 소리로 이르되 할렐루야 주 우리 하나님 곧 전능하신 이가 통치하시도다"(계 19:5-6)

만약 우리가 우리의 최종 목적지를 위해 준비하고 싶다면, 우리는 바로 이 땅에서 하나님을 경배하기 시작해야 한다. 우리가 천국에 이르는 것은 우리가 이미 시작한 일의 연속이 될 뿐이다. 찬양은 천국의 언어이자 땅에서 하는 신자들의 언어다.

주님을 섬김

비록 예배가 천국에서 우리가 갖는 시간의 상당 부분을 차지할지라도, 우리는 이 땅에서 우리가 보여준 충성의 정도에 상응하는 책임들도 부여받을 것이다. "그의 종들이 그를 섬기며 그의 얼굴을 볼 터이요 그의 이름도 그들의 이마에 있으리라"계 22:3-4.

종이란 낱말은 요한계시록에서 자주 등장하는데, 그것은 우리가 지금 그리스도와 맺고 있는 그 관계의 연속을 묘사한다. 그러나 여기에 등장하는 '섬기다'라는 낱말은 신약 성경에서 주로 성전이나 교회 내에서 수행된 봉사를 지칭할 때 사용된다마 4:10, 눅 2:37, 행 24:14. 그러므로 우리는 구속받아 그의 측근 그룹에 포함된 사람들에게만 가능한 그 특별하고 친밀한 관계 속에서 그분을 섬길 것이다. 데이빗 그렉David Gregg은 그것이 어떤 종류의 일일지에 대해 다음과 같이 말하고 있다.

그것은 염려와 수고와 피곤함이 전혀 없는 일이다. 그것은 마치 맑고 화창한 날, 기쁨에 넘치는 종달새가 날개 치며 햇빛 속을 날아올라 아름답게 지저귀기 시작하는 것과 같다. 그곳에서 일은 하나님의 뜻에 대한 순종의 문제일 뿐만 아니라 즐거움의 문제다. 그 일은 일하는 사람의 취미와 능력에 부합된다. 만약 그곳에서 취미가 다양하고 능력도 다양하다면, 일들 또한 역시 다양할 것이다.[1]

우리는 어떤 책임들을 맡게 될까? 그리스도는 충성된 자들이 고을을 맡아 다스릴 것을 비유로 말씀하셨다. 대부분의 학자들은 그것이 우리가 여기에서 그리스도와 다스리게 될 천년 왕국 때 성취될 것으로 믿는다. 그러나 지상 왕국과 영원한 천상 왕국 사이에 연속성이 있다고 보는 것이 합리적이다. 다시 말해, 땅에서 우리의 충성_{또는 불충성}은 영원히 계속될 것이라고 말해도 무방하다.

그렇다. 천국에서 모든 사람은 행복하며 충분히 자기를 실현할 것이다. 모든 사람이 천상의 광대한 왕국을 운영하는 데 있어 어떤 지위를 부여받을 것이다. 그러나 땅의 왕궁에 다양한 직무들이 있는 것과 마찬가지로, 천국에서도 어떤 이들은 다른 이들보다 더 영광스런 직무들을 부여받을 것이다.

우리는 이것을 확신할 수 있다. 천국은 아무 활동도 하지 않거나 권태롭기만 한 장소가 아니다. 천국은 성경학교 학생이 생각하

---

1. David Gregg, The Heaven-Life(New York: Revell, 1895), 62.

는 것처럼, 찬송가 첫 장에서 시작하여 마지막 장까지 다 부르는 끝없이 지루한 예배의 장소가 아니다. 하나님은 우리에게 생산적인 일을 하도록 하실 것이다. 우리는 그분과 그의 놀라운 역사들에 대해 점점 더 많이 알게 될 것이다. 우리가 영원히 만족하도록 그리스도는 성부 하나님을 우리에게 보여주실 것이다. 그러면 우리는 땅에서 결코 할 수 없었던 방법으로 우리 주 하나님을 사랑하는 법을 배우게 될 것이다.

어떤 사람들은 우리가 다른 세계들을 탐험할 것으로 보고, 또 다른 사람들은 우리가 땅에서 시작한 많은 일들을 완성하게 될 것으로 본다. 우리의 활동이 어떤 것이든지, 우리는 하나님 아버지께서 무한한 가능성들을 가지고 계실 것을 확신할 수 있다.

우리의 새 가족

우리는 이 땅의 가족을 천국에서도 만나리라는 것을 이미 배웠다. 그러나 이제 우리의 가족은 확대될 것이다. 이런 식으로 생각해보라. 당신이 지금 가족과 누리는 그 친밀감이 그곳에 함께한 모든 다른 성도들에게로 확대될 것이다.

어느 날 그리스도의 몇몇 친구들이 어머니와 동생들이 그를 찾고 있다고 전했다. 그리스도는 대답하셨다. "누가 내 어머니이며 동생들이냐 하시고 둘러앉은 자들을 보시며 이르시되 내 어머니와 내 동생들을 보라 누구든지 하나님의 뜻대로 행하는 자가 내 형제 요 자매요 어머니니라" 막 3:33-35.

그 말씀이 함축하고 있는 의미를 생각해보라. 우리는 현재 우리의 가족과 가까운 것만큼 그리스도와 가까울 것이다. 그는 우리를 형제로 부르는 것을 부끄러워하지 않으신다. 그곳에는 우리가 땅에서 알았던 것보다 더 큰 친밀감을 가진 확대 가족이 있을 것이다.

대주교 리처드 워틀리 Richard Whately 는 우리가 천국에서 기대할 수 있는 우정에 대해 훌륭하게 설명하고 있다.

> 나는 보다 확장되고 완전해진 우정이 하나님이 주신 복을 받은 자들이 미래에 누릴 행복의 상당한 부분을 차지할 것이라 확신한다… 예를 들어, 사도 바울이나 요한을 만나고 개인적으로 알고 싶은 소원이 가장 고상하고 순수한 마음의 동기에서 일어나기는 쉽다. 나는 그와 같은 소원을 불합리하고 주제넘다거나, 이루어질 수 없는 것으로 생각하지 않는다. 물론 하나님이 주신 복을 받은 자들의 가장 큰 즐거움은 사랑하는 주를 개인적으로 아는 일일 것이다. 그러나 나는 그리스도를 따른 사람들 가운데 가장 위대한 사람들, 특히 그 독특한 개성들이 모든 사람에게 가장 큰 매력이 되는 사람들을 친밀하게 아는 데서도 그들이 행복을 느낄 것이라고 생각한다.[2]

---

2. Richard Whately, A View of the Scripture Revelations Concerning a Future State, 3rd ed. (Philadelphia: Lindsay & Blakiston, 1857), 214-15.

이런 가족이 줄 즐거움에 대해 생각해보라. 그리고 서로를 알기에 충분할 무한한 시간에 대해서도 생각해보라.

새로운 질서

다행히 천국은 모든 것을 간직하지 않을 것이다. 사실 요한은 계시록 7장, 21장, 22장에서 땅에는 있으나 그곳에는 없는 것들을 나열하고 있다.

바다(21:1)

성경 전체를 통해, '바다'란 낱말은 세상의 민족들과 반역적인 민족들을 상징한다. 천국은 민족과 민족 사이의 투쟁과 거기서 생기는 들끓는 소요가 사라질 것을 의미한다. 조약의 파기도, 전쟁도, 비방도 없을 것이다.

사망(21:4)

영구차는 다시 운행되지 않을 것이다. 오늘날 우리는 죽음을 우리에게서 지상의 삶을 빼앗아가는 도둑으로 본다. 죽음은 인간 몸의 퇴락에 있어 마지막 장이다. 그렇기 때문에 죽음은 거의 보편적으로 두려움의 대상이 된다. 아무도 죽음의 공포에서 피할 수 없다. 심지어 그리스도 안에서 죽음을 정복한 그리스도인들마저 죽음의 무서운 공격에 두려워 떤다. 그러나 사망은 천국에 들어가지 못한다. 장례식도, 묘비도, 눈물 젖은 작별 인사도 없을 것이다.

애통(21:4)

신문을 펼쳐보라. 거의 모든 페이지마다 슬픈 이야기들이 실려 있다. 자동차 사고로 젊은 아버지가 죽고, 어린이가 어떤 미친 사람에게 강간당하며, 방글라데시에서 홍수로 2만 명이 목숨을 잃는다. 아무도 이 세상 사람들이 지니는 감정적 고통의 양을 추산할 수 없다. 그러나 천국에는 방해받지 않는 기쁨과 정서적 평안만이 있을 것이다.

곡하는 것(7:17, 21:4)

이 상처 많은 세상에서 순간마다 뿌려지는 눈물의 양을 측정할 수 있는 사람은 아무도 없을 것이다. 부모의 죽음으로 울부짖는 어린아이의 울음에서부터 실패한 결혼으로 훌쩍이는 여성에 이르기까지 그 모든 눈물에 백만 번을 곱하라. 그러면 당신은 우리가 사는 세상이 눈물로 가득하다는 것을 깨닫게 될 것이다.

우리의 죄를 씻어주신 그분은 천국에서 이제 우리의 눈물을 씻기신다. 그런데 이 설명은 우선 천국에 왜 눈물이 있는지 의문을 불러일으킨다. 그리고 주님은 손수건을 가지고 오셔서 말 그대로 각 사람의 눈물을 닦아주시는가? 그것도 가능하다. 그러나 나는 요한이 의미한 것은 그 이상이라고 생각한다. 그가 우리에게 말하고 싶어했던 것은 하나님이 우리가 땅에서 경험한 슬픔에 대해 설명하심으로 우리로 하여금 더 이상 울 필요가 없게 하시리란 점이다. 만약 그렇지 않다면 하나님이 눈물을 씻어주신 후에도 다시 울 수 있다. 그러나 땅에서 눈물 흘린 사건들을 천국의 시각에서 볼 수 있을 때 우리의 눈물은 영원히 마르게 될 것이다.

어떤 사람들은 우리의 친척들 가운데 한두 사람이 지옥에 있을 때, 우리가 천국에서 어떻게 행복할 수 있는지 질문한다. 예를 들어, 어떤 어린아이가 그의 아버지나 어머니가 영원히 그 잔치에 오지 못할 것을 알면서 영원의 영광을 즐길 수 있는가? 또는 자신의 귀한 아들이 영원히 고통 가운데 있을 것을 아는 경건한 어머니가 기쁨으로 주를 섬기며 예배할 수 있는가? 이 질문은 신학자들을 너무나 괴롭혀서, 실제로 어떤 사람들은 천국에서 하나님이 우리 기억의 일부를 삭제하실 것이라고 단언했다. 그 어린아이는 그의 부모가 지옥에 있는 것을 알지 못하며, 그 어머니는 그녀에게 아들이 있었던 사실을 기억하지 못하리라는 것이다.

그러나 우리가 땅에서 알던 것보다 천국에서 더 적게 알 것 같지는 않다. 인간의 무지의 영역을 확장하심으로써 문제를 해결하는 것은 하나님의 해결 방식이 아니다. 우리가 땅에서보다 훨씬 더 나은 정신적 역량을 가질 천국에서는 더욱 그러하다. 천국에서 우리는 우리가 땅에서 알던 것보다 더 적게 알기 때문이 아니라 더 많이 알기 때문에 위로를 받을 것이다.

하나님은 그의 궁극적인 목적을 설명해주심으로써 모든 눈물을 씻기실 것으로 보인다. 우리는 천국과 지옥을 하나님의 관점에서 바라보며, 그가 모든 것을 잘하셨다고 말할 것이다. 만약 하나님이 불신자들이 지옥에 있는 것을 아시고도 만족하실 수 있다면, 우리도 역시 그럴 것이다. 나는 천국에 있는 모든 사람이 정의가 충분히 시행되었으며 하나님의 계획이 옳았다는 것을 알기를 바란다. 그리고 그와 같은 설명과 시각에서 우리의 감정은 하늘 아버지의 감정을 반영할 것이다. 조나단 에드워즈Jonathan Edwards는 천국은 지옥에 대해 조금도 동정하지 않을 터인데, 그것은 성도들이 무정해서가 아니라 그들이 완전하게 사랑하기 때문이라고 말했다. 그들은 모든 것을 하나님의 사랑과 공의와 영광의 견지에서 볼 것이다. 따라서 우리는 하늘 아버지의 계획에 대한 유감이나 슬픔이나 오해 없이, 우리의 마음과 생각 모두로 주 하나님을 경배할 것이다.

아픈 것(21:4)

여기 암으로 죽어가는 한 젊은 어머니가 있다. 그리고 숨을 헐떡이며 심장 마비의 공포를 이기려고 애쓰는 남자가 있다. 그 옆의 병동에는 성난 아버지가 불로 지져서 화상을 입은 어린이가 방금 입원했다. 이렇게 셀 수 없이 많은 응급 환자들이 그들의 삶을 지탱해 나가도록 돕기 위해 과학자들은 고통을 줄이는 진통제를 마련했다.

천국에서 죄의 결과인 고통은 영원히 추방된다. 두통도 디스크도 수술도 없다. 그리고 거부, 별거, 학대로 인한 감정적 고통도 없다.

성전(21:22)

어떤 사람들은 요한이 다른 곳에서 천국에 성전이 있다고 말하고서계 11:19, 이 본문에서 성전이 없다고 말한 것으로 인해 당황한다. 윌버 M. 스미스Wilbur M. Smith는 성전과 그것의 천사 사자使者들은 "인간의 죄와 하나님의 진노가 부어지는 시간 동안에는 계속하여 작용하나, 옛 땅이 사라진 후에 성전은 더 이상 아무 기능도 하지 않는다"[3] 는 것을 우리가 깨달을 때 그 분명한 모순이 해결될 수 있다고 지적한다. 천국에서 예배는 이제 직접 드려진다. 하나님 자신이 성전이시다. 이전의 예배 형식들은 사라지고 자유로운 새 질서 아래 있을 것이다.

해나 달(7:16, 21:23, 22:5)

지구에 빛을 주기 위해 하나님이 창조하신 이 별들은 그들의 역할을 다했다. 천국에서는 하나님 자신이 빛이시다. "그 성은 해나 달의 비침이 쓸데없으니 이는 하나님의 영광이 비치고 어린 양이 그 등불이 되심이라"21:23. 다시 성경은 말한다. "다시 밤이 없겠고 등불과 햇빛이 쓸데없으니 이는 하나님이 그들에게 비취심이라 그들이 세세토록 왕 노릇하리로다"22:5.

이것은 그 거룩한 도성이 빛으로 충만하다는 것을 뜻한다. 조셉 세이스Joseph Seiss는 이렇게 설명한다.

---

3. Wilbur M. Smith, Biblical Doctrine of Heaven(Chicago: Moody, 1968), 253.

그 비침은 어떤 물질의 연소에서 나오는 것이 아니며, 한 번 소모되면 다시 공급해야 하는 연료가 소비되어 나오는 것도 아니다. 그것은 본래 빛이신 그분의 자존한 빛이며, 영원한 등불로서 어린 양에 의해 그리고 그를 통해 영화롭게 된 성도들의 집과 마음과 이해에 베풀어지는 빛이다.[4]

가증한 것(21:27)

만국이 하나님의 영광과 존귀를 가지고 그 성에 들어올 것이나 "무엇이든지 속된 것이나 가증한 일 또는 거짓말하는 자는 결코 그리로 들어가지 못하되 오직 어린 양의 생명책에 기록된 자들만 들어가리라"[21:27]. 요한은 그 성에 들어오지 못할 다른 사람들의 목록도 제시한다. 부도덕한 자들, 살인자들, 우상 숭배자들 등[21:8, 22:15]이 그들이다.

주림, 목마름, 뜨거운 기운(7:16)

지금 세상에서 수많은 사람들이 지고 있는 무거운 짐들이 영원히 사라질 것이다. 그것들 대신에 생명나무와 하늘 낙원의 아름다움이 있을 것이다.

---

4. Joseph Seiss, Lectures on the Apocalypse(New York: Charles C. Cook, 1901), 3:412-13; quoted in Wilbur Smith, Biblical Doctrine, 249.

오늘날 땅 위에 어둠의 그림자를 무겁게 드리우는 것들이 하나님의 영광이 계신 곳에서 말로 형용할 수 없는 행복으로 바뀔 것이다.

> 나의 구주 그리스도의
> 얼굴은
> 어떻게 생기셨을까?
> 나를 위해 죽으신 예수 그리스도를
> 황홀하게 내가 바라볼 때
> 어두운 휘장을 사이에 두고
> 지금은 내가 희미하게 그를 보나,
> 그의 영광이 밝히 보일
> 축복의 날이 오고 있다네.
> 주의 얼굴 보겠네.
> 별이 총총한 저 하늘 너머
> 그의 영광 빛나는 곳에서.
> 나는 주의 곁에서 그의 얼굴 보겠네.
> 캐리 E. 브렉(Carrie E. Breck)

그러므로 가족들이 당신의 장례를 치르는 동안, 당신은 그리스도의 얼굴을 바라보고 있을 것이다. 비록 가족들이 당신이 떠남을 슬퍼할지라도, 당신은 심지어 기회가 주어진다 해도 다시 이 땅으로 돌아오지 않을 것이다. 천국을 보았을 때, 더 이상 당신은 이 땅에 매력을 느끼지 못할 것이다. 토니 에반스Tony Evans는 이렇게 말했다. "제 장례식 때 즐거운 시간을 보내십시오. 그렇지만 저는 거기에 있지 않을 것입니다."

당신은 오직 뒤에 남은 사람들이 그리스도께 신실한 것이 얼마나 중요한지를 알기만 바랄 것이다. 커튼의 저편에서 볼 때 지금은 너무나도 모든 것이 분명하므로, 당신은 신자들이 그들의 마음을 다하여 그리스도를 섬기도록 그들을 격려하기 위해 세상을 향해 소리치고 싶을 것이다. 당신은 더 높은 곳으로 오라는 부름을 듣기 전에 이 모든 것을 알았더라면 하고 아쉬워할 것이다.

그러다가 갑자기 당신은 모든 사람이 당신과 같은 경험을 하지는 않으리라는 것을 깨달을 것이다. 그들 가운데 수백만 명의 사람들은 그리스도의 희생을 자신들을 위한 것으로 받아들이지 않았기 때문에 영원히 미아가 될 것이다. 당신은 땅 위에 남은 사람들 가운데 틀림없이 그곳에 오기 어려울 자들을 생각하며 슬퍼할 것이다.

당신은 하나님이 당신의 눈에서 눈물을 씻기지 않으신다면 영원히 울 것이다. 그리스도가 말씀하신 대로 모든 것이 그대로 이루어질 것이다.

제6장

음부가 지옥에 던져질 때

불신의 이유들 | 대체(代替) 이론들 | 하나님의 정의 | 지옥을 가리키는 헬라어 | 지옥의 특징

"지옥이 사라졌다. 그런데 아무도 눈치채지 못했다."

이 간명한 한 마디로, 미국 교회사가 마틴 마터 Martin Martyer 는 이전에는 주목을 받았으나 이제는 점점 사라져 가는 한 교리에 대한 우리의 태도를 요약했다. 만약 당신이 교회를 다닌다면, 이 주제로만 된 설교나 성경학교 강의를 마지막으로 들어본 때가 언제인지 기억해보라.

최근에 〈뉴스위크〉지는 "오늘날 지옥은 신학적으로 진지한 학자들이 다루기에 너무나 진부한 주제다"라는 내용의 기사를 다루었다. 하버드 신학교의 고든 카우프만 Gordon Kaufman 은 우리에게 관념의 변화가 일어났다고 믿으며, "나는 천국과 지옥이 더 이상 논의될 수 있을 것으로 생각하지 않는다"고 말한다.

물론 지옥은 불유쾌한 화제다. 불신자들은 지옥을 믿지 않으며, 대부분의 그리스도인들은 그것을 무시한다. 심지어 성경에 대해 완고한 보수주의자까지 때때로 당황하여 침묵한다. 지옥은 성경의 어떤 다른 교리보다 우리 시대에 맞지 않는 것으로 보인다.

그럼에도 우리는 최후 심판에서 모든 불신자들이 하나님 앞에 서서 심판을 받으리라는 것을 안다. "사망과 음부도 불못에 던져지니… 누구든지 생명책에 기록되지 못한 자는 불못에 던져지더라"^{계 20:14-15}. 이것은 성경에 나오는 지옥에 관한 많은 설명들 가운데 하나에 불과하다. 우리는 이 가르침을 어떻게 다룰 것인가?

불신의 이유들

지옥 교리가 무시되는 이유는 하나님의 사랑과 지옥을 서로 연관시키기 어렵기 때문이다. 수백만의 사람들이 의식을 지닌 채 영원히 고문받을 것이란 점은 인간의 이해를 초월한다. 자신의 책 「하나님께 솔직히 Honest to God」에서 자유주의 견해로 악명 높은 존 A. 로빈슨 John A. Robinson 감독은 이렇게 쓰고 있다.

> 한 명의 죄인이라도 지옥에 있는 한 그리스도는 십자가에 남아있다… 사랑의 우주에서 공포의 고문실을 허용하는 천국은 있을 수 없다. 어떤 지옥도 동시에 하나님을 위한 지옥이 되지 않는 것은 없다.

그는 그것을 견딜 수 없다. 이는 그것이 그의 성품에 대한 결정적인 조롱거리가 될 것이기 때문이다.[1]

지옥 교리는 많은 사람들을 기독교에서 떠나게 했다. 제임스 밀 James Mill은 많은 사람들이 느끼는 바를 표현했다. "내가 나의 동료들에게 선하다는 말을 사용할 때 그 선하다의 의미에 맞지 않는다면 나는 누구도 선하다고 부르지 않을 것이다. 그리고 내가 그를 선하다고 부르지 않았다는 이유로 나를 지옥에 보낼 수 있는 존재가 있다면, 나는 차라리 지옥에 갈 것이다."[2]

어떤 사람은 자신은 사람들을 지옥에 보내는 하나님과 같이 천국에 있고 싶지 않다고 말했다. 그는 차라리 지옥에 가서 그와 같은 신에게 대항하기를 원한다고 했다. "그와 같은 신이 존재한다면, 그는 바로 마귀다"라고 한탄했다.

그의 생각을 쉽게 말하면 우리에게 지옥의 형벌은 죄의 대가로 지나치다는 것이다. 모든 사람이 어느 정도 악을 행하였고, 몇몇은 큰 악을 저지르나, 그 동안 누가 저지른 범죄도 영원한 형벌을 정당화하지는 못한다. 그리고 수백만의 선한 사람들이 단지 그들이 그리스도에 대해 믿지 않았기 때문에 지옥에 있으리란 것은 그리스도인들이 주장하는 대로 도저히 믿기 어렵다. 그것은 마치 교통 위반으로 사형

---

1. John A. Robinson, "Universalism: Is It Heretical?" Scottish Journal of Theology, June 1949, 155.
2. Percy Dearmer, The Legend of Hell(London: Cassell, 1929), 74-75.

을 선고받는 것과 같다.

따라서 수백만의 서구인들은 죽은 뒤의 삶을 믿으나, 그것은 불행이 아니라 더없이 행복한 삶이다. 지옥에서 고통당할 것에 대한 참 두려움이 서구 사상의 주류에서 사라졌다. 어떤 사람은 지옥에 갈 것이 분명하다는 예상을 하는 사람도 거의 없다. 그들 자신이 그 불행한 자들 가운데 속하리라고 생각하는 사람은 더더욱 없다.

대체 이론들

지옥 교리와 경쟁하는 것으로 두 가지 대체 이론들이 있다. 하나는 지옥을 영원에서 빼버리고, 다른 하나는 영원을 지옥에서 빼버린다.

만인 구원설(Universalism)

만인 구원설은 결국에는 모든 사람이 안전하게 천국에 이를 것을 믿는 신앙을 가리키는 이름이다. 그들은 그리스도가 예외 없이 모든 사람을 위해 죽으셨기 때문에 결국 모든 사람이 구원받을 것이 당연하다고 말한다. 하나님이 모든 악의 잔재를 제거하시고, 모든 이성적인 피조물들이 어떤 이들은 심지어 사탄까지 포함한다 결국 구속될 것이다.

여기에 만인 구원론자들이 사용하기 좋아하는 구절이 있다. 바울은 때가 차면 "하늘에 있는 것이나 땅에 있는 것이 다 그리스도 안에서 통일"될 것을 가르쳤다엡 1:10. 그리고 "그의 십자가의 피로 화평을 이루사 만물 곧 땅에 있는 것들이나 하늘에 있는 것들이 그로 말미암아 자기와 화목케" 하는 것이 하나님의 의도라고 말한다골 1:20. 그것이 함축하는 바는 모든 사람이 결국 하나님의 가족이 되리란 것이다.

그러나 불행하게도 이 매력적인 해석은 심각한 약점들을 지니고 있다. 만약 만인 구원론자들의 해석이 옳다면, 사탄도 역시 구속될 필요가 있다. 다시 말해, 사탄도 하나님과 화목케 될 필요가 있다. 그러나 그리스도가 그를 위해 죽지 않으신 것이 분명하기 때문에히 2:16, 하나님은 심지어 사탄이 회개한다고 해도 그를 용서하는 것이 정당하다고 느끼지 못하신다.

게다가 성경은 사탄이 짐승과 거짓 선지자들과 더불어 '세세토록 밤낮 괴로움을 받을' 것을 분명하게 가르친다계 20:10. 이것은 사탄이 결코 구속되지 못하며 영원히 의식적인 고통을 받으며 살 것을 분명하게 진술하는 것이다.

모든 것이 통일될 것은 분명하다. 그것은 만물이 그리스도의 직접적인 권세 아래 오게 될 것을 의미한다. 그리스도는 하나님의 구원 계획을 성취하기 위해 필요한 모든 일을 완수하셨다. 자연의 질서가 회복될 것이며, 정의가 우주 전체에 팽배할 것이다. 나중에 살펴보겠지만 그 회복은 지옥의 교리를 부정하는 것이 아니라 오히려 그것을 필요로 한다.

만인 구원론자들은 다른 구절들도 인용한다. 예를 들어 "그런즉 한 범죄로 많은 사람이 정죄에 이른 것 같이 한 의로운 행위로 말미암아 많은 사람이 의롭다 하심을 받아 생명에 이르렀느니라" 롬 5:18. 비슷한 구절로, "아담 안에서 모든 사람이 죽은 것 같이 그리스도 안에서 모든 사람이 삶을 얻으리라" 고전 15:22. 만인 구원론자들은 이 구절들을 모든 사람이 아담의 범죄로 정죄받은 것과 같이, 모든 사람이 그리스도의 의의 행위로 의롭다 함을 얻으리라는 의미로 해석한다.

그러나 불행하게도 이 해석은 두 가지 이유에서 그릇되다. 첫째, 그 본문들은 지옥에서 불신자들이 영원한 불행을 겪으리란 것을 분명하게 가르치는 다른 구절들에 비추어 해석되어야 한다. 우리는 성경의 구절들을 일부분만 따로 떼내어 해석할 수 없다.

둘째, 우리는 성경이 자주 '모두all'란 낱말을 제한된 의미에서 사용한다는 것을 깨달아야 한다. 그것은 예외 없이 모든 것을 의미하기보다 어떤 범주 내에서 모든 것을 의미한다. 그 예들은 무수하다. 마태는 우리에게 '온all 유대'가 세례 요한의 말을 들으러 나왔다고 말한다 마 3:5-6. 누가는 '천하로 다all 호적하라'는 법령이 내린 것을 기록한다 눅 2:1. 그리고 세례 요한의 제자들은 '사람이 다all' 그리스도를 따른다고 불평했다 요 3:26. 바울이 쓴 구절들에서 아담 안에 있는 모든 사람이 죽는 반면에 그리스도 안에 있는 모든 사람이 삶을 얻게 되는 것은 분명하다. 그 '모든'은 문맥이 규정하는 제한성을 지닌다.

만인 구원설의 최후 치명타는 마태복음 12장 32절이다. 그리스도는 용서받지 못하는 죄에 대해 말씀하시고 있다. "이 세상과 오는 세상에서도 사하심을 얻지 못하리라." 마가복음 3장 29절에서 그것은 '영원한 죄'로 불리며, 그것이 이 세상에서 시작하여 역전의 희망이 없이 영원토록 지속되는 것을 암시한다. 그들이 결코 용서받지 못할 것을 성경이 분명하게 말하는데, 이런 죄를 범한 자들이 어떻게 하나님과 화목될 수 있는가?

성경을 진지하게 여기는 사람들 사이에 만인 구원설은 결코 널리 수용되지 못했다. 만약 이 가르침이 사실이라면, 지상 명령을 성취하거나 불신자들에게 이 세상에서 그리스도를 영접하도록 권고해야 할 시급한 이유가 전혀 없을 것이다.

조건적 불멸(Conditional Immortality)

만인 구원설이 지옥에서 '영원'을 제거하려 한 반면에, 영원에서 지옥을 제거하려 한 이론이 있다. 조건적 불멸이 그것이다. 조건적 불멸은 모든 사람이 구원받지는 않을 것이나, 영원히 의식적인 고통을 당하는 사람도 없을 것이라고 주장한다. 하나님은 악인들을 심판하시기 위해 그들을 부활시키시나, 그들은 불 속에 던져져 소화되어 버린다. 의인들에게는 영원한 생명이 주어지는 반면, 악인들에게는 영원한 사망이 주어진다. 지옥은 전멸 annihilation 이다.

캐나다 토론토 맥매스터 McMaster 대학교의 클락 피노크 Clark Pinnock 는 그의 아들을 십자가에 죽도록 내어주신 하나님이 "새 창조 세계의 어느 곳에 고문실을 만들어 그를 거부한 사람들로 하여금 영원히 고문당하게 하실 것을 한 순간이라도 상상할 수 있느냐'고 질문한다. 그는 지옥은커녕, 악과 고통의 문제에 비추어 기독교를 옹호하기도 어렵다고 말한다.

따라서 피노크는 하나님의 불이 지옥에 있는 자들을 소멸시켜 버린다고 믿는다. 하나님은 악인들을 부활시켜서 그들을 고문하시는 것이 아니라 그들에게 심판을 선언하고 소멸되게 하시는데, 그것이 둘째 사망이다. 피노크에 따르면 영원한 형벌은 하나님이 지옥에 있는 자들에게 최종적, 궁극적 사망을 선고하시는 것을 의미한다.

피노크가 애용하는 본문은 이것이다. "몸은 죽여도 영혼은 능히 죽이지 못하는 자들을 두려워하지 말고 오직 몸과 영혼을 능히 지옥에 멸하실 수 있는 이를 두려워하라"마 10:28. 그는 만약 영혼이 지옥에서 멸해진다면 그것은 전멸되는 것이라고 추정한다.

그러나 본문을 면밀하게 분석할 때 이 해석은 성립되지 않는다. 로버트 A. 모레이Robert A. Morey 는 「죽음과 후생Death and the Afterlife」에서 성경에 사용된 '멸하다' 는 낱말이 '전멸하다' 를 의미하지 않는다고 지적한다. 헬라어 아폴루미apollumi 는 마태복음 9장 17절, 누가복음 15장 4절, 요한복음 6장 12절, 27절과 같은 구절들에서 사용되는데, 이들 가운데 어느 것에서도 그것이 '존재에서 사라지다' 를 의미하지 않는다. 모레이는 "신약 성경에서 그 낱말의 엄밀한 의미로 아폴루미가 전멸을 뜻하는 경우는 한 곳도 없다"[3]고 쓰고 있다.

타이어 Thayer 의 「헬라어 영어 사전 Greek-English Lexicon」은 파멸을 '영원한 고통에 넘겨지는 것'으로 정의한다.

불행하게도 전멸 이론은 신뢰할 만하지 않다. 그리스도는 지옥에 있는 자들이 마귀와 그의 천사들을 위해 마련된 '영원한 불' 속에 들어갈 것을 말씀하신다. 그런 다음 그는 덧붙이신다. "저희는 영벌에, 의인들은 영생에 들어가리라" 마 25:46. 동일한 낱말 '영원한 eternal'이 의인과 악인의 운명 둘 다를 묘사하기 때문에 그리스도가 두 집단 모두 비록 장소가 다를지라도, 영원히 존재할 것을 가르치신 것이 분명해 보인다. 사탄과 그의 군대가 경험하는 그 동일한 영원한 불이 불신자들의 몫이 될 것이다.

앞에서 우리는 불신자들이 영원히 의식을 가지고 존재한다는 사실에 대해 이미 구약 성경이 가르치고 있는 것을 배웠다. 다니엘은 이렇게 썼다. "땅의 티끌 가운데에서 자는 자 중에 많은 사람들이 깨어나 영생을 받는 자도 있겠고 수치를 당하여서 영원히 부끄러움을 당할 자도 있을 것이며" 단 12:2. 의인들이 더 없는 행복을 누리는 만큼 오랫동안 악인들은 수치와 모욕을 겪을 것이다.

마지막으로 성경은 지옥에 있는 자들이 영원한 고통을 당할 것을 분명히 말하고 있다. 짐승을 경배하고 그의 표를 받는 자들은 "하나님의 진노의 포도주를 마시리니 그 진노의 잔에 섞인 것이 없이 부은 포도주라" 계 14:10. 그와 같은 자들은

---

3. Robert Morey, Death and the Afterlife(Minneapolis: Bethany, 1984), 90.

거룩한 천사들 앞과 어린 양 앞에서 불과 유황으로 고난을 받으리니 그 고난의 연기가 세세토록 올라가리로다 짐승과 그의 우상에게 경배하고 그의 이름 표를 받는 자는 누구든지 밤낮 쉼을 얻지 못하리라 하더라(10-11절).

불이 악인들을 전멸시키는 것이 아니라 그들을 고문하는 것에 주목하라. 거룩한 천사들과 어린 양 앞에서, 악인들이 고문을 의식하지 못할 휴식의 시간은 전혀 없을 것이다. 그들은 결코 평화로운 비존재 nonexistence 상태로 있지 못할 것이다.

요한계시록 20장에서 우리는 비슷한 장면을 본다. 짐승과 거짓 선지자가 불못에 던져졌다. 사탄이 결박되나 천 년 후에 그는 풀려나 한 번 더 민족들을 속인다. 그 기간이 지나면 사탄은 불못에 던져진다. 짐승과 거짓 선지자가 그 천 년 동안에 지옥에서 전멸되지 않은 사실에 주목하라. 불이 그들을 소멸하지 않았다. "또 그들을 미혹하는 마귀가 불과 유황 못에 던져지니 거기는 그 짐승과 거짓 선지자도 있어 세세토록 밤낮 괴로움을 받으리라" 10절.

따라서 만인 구원설과 조건적 전멸 이론은 기만적이라는 사실이 드러난다. 성경은 영원하고 의식적인 고통이 있음을 분명하게 가르친다. 이 구절들에 대한 다른 정직한 해석은 없다.

하나님의 정의(Justice)

이 논쟁의 기저에는 지옥이 공평하고 정당한지에 대한 의문이 있다. 우리가 기억하는 것처럼 피노크는 지옥은커녕 불신 세상에 악을 설명하기도 어렵다고 한탄했다. 그는 민감한 그리스도인들이라면 누군가 의식을 지닌 채 영원한 형벌을 받는다는 것을 믿을 수 없다고 말한다.

우리 인간들이 보기에는 영원히 지속되는 형벌은 저질러진 죄에 비해 지나쳐 보인다. 하나님은 잔인하고 부당하며 가학적이고 보복적으로 보인다. 형벌의 목적은 언제나 구속^{redemption}에 있다고 사람들은 말한다. 죄인들이 교도소에 수감되는 목적은 갱생이다. 가석방이나 교정의 가능성이 없이 영원한 형벌이 있을 것이란 생각은 부당해 보인다.

그럼 지옥이 어떻게 정당할 수 있는가? 다음 설명들이 우리의 모든 질문들에 답을 주지는 않을 것이지만, 우리가 지옥을 하나님의 관점에서 보는 데 도움을 줄 것이다.

심판은 행위에 기초한다

이 책의 앞부분에서 우리는 음부가 지옥에 던져질 것을 배웠다. 그러나 그 일이 일어나기 전에 모든 사람이 부활하여 개인적으로 심판을 받을 것이다. "또 내가 보니 죽은 자들이 무론 큰 자나 작은 자나 그 보좌 앞에 서 있는데 책들이 펴 있고 또 다른 책이 펴졌으니 곧 생명책이라 죽은 자들이 자기 행위를 따라 책들에 기록된 대로 심판을 받으니"계 20:12.

아무도 행위로 구원받지 못한다. 이 책의 마지막 장에서 강조하겠지만, 구원은 행위로 받는 것이 아니라 하나님의 선물이다. 그러나 구원받지 못한 자들에 대해서는 행위가 심판의 토대다. 다시 말해 그들은 그들이 아는 바와 더불어 그들이 행한 일에 기초하여 정당하게 심판을 받을 것이다.

그리스도에 대한 구체적인 지식이 없이 산 사람들은 자연과 그들의 양심에 비추어 심판받을 것이다롬 1:20, 2:14-16. 이것은 일반 계시에 반응한 사람들이 자동적으로 구원받을 것을 의미하지는 않는다. 아무도 그가 아는 모든 지식에 맞추어 살지 못하기 때문이다. 이것이 바로 구원을 위해 그리스도를 개인적으로 알아야 하는 이유다. "다른 이로써는 구원을 받을 수 없나니 천하 사람 중에 구원을 받을 만한 다른 이름을 우리에게 주신 일이 없음이라 하였더라"행 4:12.

그러나 심판을 위해서는 자연과 인간 양심에 있는 하나님의 빛으로도 여전히 충분하다. 형벌의 정도가 어떠하든 하나님은 지극히 정의로우시기 때문에, 죄에 대한 정확한 심판을 내리실 것이다. 그리스도를 믿는 자들은 긍휼을 경험할 것이나, 그렇지 않은 자들은 그들이 그리스도에 대해 듣지 못하였든, 듣고도 그를 거부하였든 간에 정의를 경험할 것이다. 어느 쪽이든 하나님은 영광을 받으신다.

하나님이 모든 불신자 한 사람 한 사람을 정확하게 심판하실 것을 생각해보라. 각 사람의 하루가 분 단위로 세밀하게 분석될 것이다. 모든 행동과 태도들과 더불어 매 시간의 숨겨진 생각과 동기들까지 재연될 것이다. 은밀하게 한 말이 모든 사람에게 들리고, 마음에 품은 생각들이 모든 사람이 보도록 드러날 것이다. 그들이 호소할 변호사도, 도망갈 구멍도 없을 것이다. 논란의 여지가 없는 명백한 사실들만 있을 것이다.

나는 그 정의의 형평이 너무나 정확하여 포르노 작가들은 그와 같은 잡지를 출판한 것을 지극히 후회하고, 도둑은 정직한 돈벌이를 하지 않은 것을, 간음한 자는 부도덕한 생활을 한 것을 지극히 후회할 것으로 믿는다. 물론 결혼 서약을 충실히 지킨 것이 어떤 사람에게 천국의 자리를 얻게 하는 것은 아니지만, 지옥에서 그의 존재를 조금 더 견딜 만하게 할 수는 있을 것이다.

하나님 앞에서는 어떤 동기도 잘못 해석되지 않을 것이며, 참작될 만한 어떤 정황도 간과되지 않을 것이다. 남자를 유혹한 여자는 그것에 합당한 형벌을 받을 것이며, 유혹을 받도록 자신을 방치한 그 남자 역시 그 몫의 형벌을 받을 것이다. 부모의 학대와 거부의 고통에서 도망치기 위해 마약에 손을 댄 자녀의 부모도 그들의 책임에 합당한 형벌을 정확하게 배분받을 것이다.

우리 모두는 천국이 위안을 주는 교리인 것에 동의한다. 그러나 그러면서도 간과되는 것은 지옥 역시 위안을 준다는 것이다. 이 땅의 신문들은 강간과 아동 학대와 불의한 이야기들로 가득차 있다. 땅에서 심리된 모든 법정 판례들이 재개될 것이다. 모든 행위와 동기가 정확하게 조사되고 정당한 징벌이 시행될 것이다. 전지하신 하나님 앞에서 드러나지 않은 살인자나, 발각되지 않은 유괴범이나, 숨겨진 뇌물 같은 것은 결코 없을 것이다.

불신자들은 영원히 유죄다

지옥이 존재하는 것은 불신자들이 영원히 유죄기 때문이다. 그것이 주는 커다란 교훈은 어떤 인간의 고통도 죄의 대가가 될 수 없다는 것이다. 만약 우리의 고통이 가장 하찮은 죄라도 제거할 수만 있다면, 지옥에 있는 자들은 그들의 빚을 갚은 후에 언젠가는 자유를 얻을 것이다. 그러나 태초 이래 모든 인간의 선과 고통은 그것을 모두 합친다 해도 어떤 죄 하나도 없앨 수 없다.

> 내가 공을 세우나 은혜 갚지 못하네
> 쉼 없이 힘쓰고 눈물 근심 많으나
> 구속 못할 죄인을 예수 홀로 속하네

기독교를 조롱한 프란시스 뉴포트 경 Sir Francis Newport 은 임종 때 다음과 같은 무서운 말을 한 것으로 알려져 있다.

하나님의 은총을 얻고 그와 다시 연합하기 위해 내가 결코 꺼지지 않는 불 위에 천 년 동안 누워 있을 수 있다면! 그러나 그것은 헛된 소원이다. 백만 년이 수없이 지날지라도 나는 나의 고통의 끝에 한 시간 만큼도 더 다가가지 못할 것이다. 오 영원, 영원이여! 그 무한함이여! 오, 견딜 수 없는 지옥의 고통이여!⁴

그가 지옥에서 수백만 년이 있어도 구원을 얻을 수 없다고 말한 것은 정말 옳았다. 불행하게도 그는 그리스도 안에 있는 하나님의 긍휼하심에 자신을 맡기지 않았다. 이 세상 누구도 어떤 공적이나 고통으로 자신을 구할 수 없기 때문에, 그는 자신이 지은 죄의 온전한 무게를 영원토록 감당해야만 한다.

우리는 죄의 심각성을 이해하지 못한다

우리는 하나님께 죄를 범한 사람들에게 어느 정도의 형벌이 충분한지 정확히 알지 못한다. 우리는 하나님이 어떤 분이신지 안다고 생각할 수 있으나, 우리가 보는 것은 희미한 유리를 통해서 보는 것과 같다. 조나단 에드워즈Jonathan Edwards는 우리가 지옥에 대해 거부감을 갖는 이유는 우리가 죄에 대해 무감각하기 때문이라고 지적했다.

만약 하나님의 관점에서 죄의 크기가 죄가 범해진 대상의 크기로 결정된다면 어쩌겠는가? 그렇다면 죄에 대한 책임은 무한하다. 왜냐하면 그것이 무한의 속성을 지니신 분에 대해 범해졌기 때문

---

4. Walter B. Knight, Knight's Master Book of New Illustrations(Grand Rapids: Eerdmans, 1956), 159.

이다. 만약 하나님의 성품에서 그와 같이 무한한 죄는 아무도 되갚을 수 없는 무한한 죄값을 치루어야 하는 것으로 간주된다면 어쩌겠는가?

우리는 하나님이 그의 고유한 속성들을 선택하지 않으셨다는 것을 깨달아야 한다. 그는 영원 전부터 존재하셨으며, 그의 속성들은 이미 영원 전부터 그의 것이었다. 만약 하나님이 사랑과 긍휼을 영원토록 지니지 않으셨다면, 우리는 피조물이 끊임없이 고통당하는 것을 지켜보기를 즐거워하는 어떤 악의에 찬 잔인한 존재에 의해 창조되었을 수 있었다. 다행하게도 그것은 사실이 아니다. 성경은 하나님의 사랑과 긍휼을 말한다. 그는 악인들의 죽음을 기뻐하지 않으신다. 그러나 성경은 또 그의 공의와 악인들조차 지옥에서 그를 영화롭게 할 것에 대해서도 많은 것을 말한다. 분명하게 말하자면, 우리는 하나님을 우리의 기호에 맞든 맞지 않든 상관없이 성경에 계시된 그대로 받아들여야 한다.

"나는 사람들을 지옥에 보내는 하나님과 같이 천국에 있고 싶지 않다… 나는 차라리 지옥에 가서 그에게 대항할 것이다"고 말하는 것은 아주 불합리하다. 그들 자신의 만족을 위해 또는 하나님께 손해를 입히기 위해 하나님께 대항할 수 있다고 생각하는 사람들의 어리석음은 아무리 강조해도 지나치지 않다. 시편 2편에서 우리는 하나님이 하늘에 앉으셔서 그에게 항거할 수 있다고 생각하는 사람들을 비웃으신다는 사실을 볼 수 있다. 농부의 쟁기에 맞설 수 있다고 생각하는 생쥐나, 항공모함의 진로를 훼방하려 하는 보트와 같이 인간이 살아 계신 하나님을 반대할 수 있다고 생각하는 것은 정신 나간 일이다. 그는 죄인들에게 진노하시며, 그를 반대하는 자들에게 보복하신다.

심지어 우리는 오늘날 세상을 보면서도 하나님이 수많은 사람들을 영원한 불행 가운데 살게 하시는 것에 놀라지 말아야 한다. 하나님이 이 땅에 허락하시는 엄청난 양의 고통을(예방할 수도 있는 고통을) 생각해보라. 멕시코의 지진으로 2만 명이 죽었고, 방글라데시의 해일로 5만 명이 죽었으며, 기근으로 세계에서 날마다 2만 명씩 죽는다. 갓난아기와 어린이들과 어른들이 경험하는 감정적 고통의 양을 누가 계산할 수 있겠는가? 그럼에도 우리는 지표면을 단단하게 하고, 비를 내리며, 홍수를 막는 것이 전능자의 말 한 마디로 모두 이루어질 수 있다는 것을 안다.

만약 하나님이 이 땅에서 사람들로 하여금 수천 년 동안 무수한 고통 가운데 살게 하셨다면, 그가 그 불행을 영원히 지속되게 하시는 것이 왜 모순되는가? 찰스 하지Charles Hodge는 질문한다. "만약 하나님이 받으실 최고의 영광과 우주의 선이 인간의 과거 죄성과 불행으로 증진되었다면, 왜 그것이 미래에서는 증진될 수 없는가?"[5]

만약 정의에 대한 우리의 개념이 하나님과 다르다면, 하나님으로 하여금 우리의 관점에서 사물을 보게 하려는 우리의 시도는 그

---

5. Charles Hodge, Systematic Theology, vol 3, pt. 4(Grand Rapids: Eerdmans, 1956), 159.

에게 조금도 감동을 주지 않을 것이 확실하다. 아무도 하나님의 모사가 될 수 없다. 아무도 그를 가르치거나 교정할 수 없다. 그는 자신의 우주를 운행하시기 위해 우리의 조언을 구하지 않으신다.

지옥을 가리키는 헬라어

신약 성경은 지옥에 대해 서로 다른 세 헬라어 낱말을 사용한다. 하나는 타르타로스tartarus다. 이것은 베드로후서 2장 4절에서 노아 때 범죄한 악한 천사들을 가둔 곳을 지칭하여 사용된다. "하나님이 범죄한 천사들을 용서하지 아니하시고 지옥에 던져 어두운 구덩이에 두어 심판 때까지 지키게 하셨으며." 유다서 6절에도 이 낱말이 비슷하게 사용된다.

두 번째는 게헨나gehenna로 신약 성경에서 지옥을 가리키는 낱말로 가장 자주 사용되며, 그리스도가 오시기 전에 이미 유대인들에 의해 사용되었다. 이 낱말은 구약 성경에서 발견되는 히브리어 '힌놈의 골짜기'에서 유래한다수 15:8, 왕하 23:10, 느 11:30. 예루살렘 밖의 그 골짜기에서 유대인들은 인간 제물을 이방 신들에게 바쳤다. 도시의 쓰레기들도 그곳에 버려졌으며, 구더기가 그곳에 들끓었다. 이것은 왜 그리스도가 지옥을 '구더기도 죽지 않고 불도 꺼지지 않는' 장소로 언급하셨는지 그 이유에 대한 설명이 된다막 9:48.

불과 구더기가 결코 사라지지 않는 더러운 쓰레기 더미의 이 그림은 유대인들에게 모든 우상 숭배자들의 궁극적인 운명을 묘사하는 적절한 상징이 되었다. 따라서 그 낱말이 궁극적인 게헨나에 적용되었다. 유대인들이 가르치고 그리스도가 확증하신 것은 악인들이 영원히 고통을 받으리란 것이다. 몸과 영혼이 영원한 고통 가운데 처할 것이다.

수년 동안 자유주의 학자들은 일부 감상주의자들은 지금도 여전히 하나님의 사랑을 강조한 그리스도가 지옥의 교리와 결코 관계될 수 없다고 가르쳤다. 그럼에도 의미심장하게 신약 성경에서 게헨나가 12번 사용되는데, 그 가운데 11번을 우리 주님이 말씀하셨다. 사실 그는 천국보다 지옥에 대해 더 많이 말씀하셨다.

세 번째 단어는 앞 장에서 우리가 이미 공부한 하데스hades, 음부다. 내가 그것을 여기에 언급하는 이유는 그것이 흠정역 성경에서 지옥으로 번역되어 있기 때문이다. 대부분의 다른 번역들은 그것을 번역하지 않고 그냥 하데스로 두어, 지옥과 서로 적절히 구분되게 한다.

지옥의 고통은 무엇과 같을까? 우리는 성경이 지옥의 고통을 구체적으로 설명하지 않고 있기 때문에, 옳지 않은 추측에 휩쓸리지 않도록 조심해야 한다. 중세 시대에 바티칸 관광을 안내한 안내자들은 매우 세밀한 부분까지 생생하게 지옥을 묘사했다. 우리는 그와 같은 과오를 범하지 않아야 한다. 그럼에도 예수님은 우리에게 지옥을 보다 정확히, 영원한 형벌이 있는 그 최종 장소의 전주가 되는 곳으로서 음부를 볼 수 있게 하는 이야기를 들려주셨다.

지옥의 특징

앞 장에서 우리는 음부에 간 부자와 아브라함의 품에 안긴 나사로에 관해 주님께서 해주신 이야기를 살펴보았다. 그리스도께서 말씀하신 요지는 이 사람들의 운명이 오는 생에서 어떻게 역전되는지를 보여주시는 것이었다. 그 부자는 이제 고통 가운데 있고, 나사로는 행복을 누리고 있다.

그러나 심판 후에 음부는 불못에 던져진다. 그럼에도 음부의 일부 특징들이 계속된다는 것은, 보다 정확하게 음부의 고통이 지옥에서 강화된다는 것은 의심의 여지가 없다.

고통의 장소

대개 우리가 지옥을 생각할 때, 우리는 그리스도께서 '지옥의 불'을 말씀하셨기 때문에 불을 생각한다. 요한계시록은 '불과 유황못'을 말한다.

지옥의 고통이 물리적인 불을 포함하지 못할 이유는 없다. 이는 그곳에 있는 사람들의 몸이 파괴될 수 없는 것으로 재창조될 것이기 때문이다. 우리의 현재 몸과 달리, 부활의 몸은 타버리거나 소멸되지 않을 것이다. 문자 그대로 불이 있을 수 있다.

그러나 앞에서 우리가 배운 대로 지옥에는 문자 그대로의 불보다 더 심할 다른 종류의 불이 있다. 그것은 성취되지 못하는 정욕, 결코 만족될 수 없는 욕망의 불이다. 끊임없이 불타는 정욕이 결코 가라앉지 않고, 고문당하는 양심은 불탈지라도 결코 진정되거나 위로를 받지 못한다. 욕망은 점점 커지고 만족은 점점 줄어들 것이다.

그렇다면 지옥은 쓰라린 영혼이 파괴될 수 없는 몸과 결합하여 영원히 그 자신의 죄에 노출되는 곳이다. 지옥은 죄 의식이 맹렬하게 일어나지만, 진통제도 진정제도 없는 곳이다. 고통받는 양심을 깨끗하게만 한다면 문자 그대로의 불도 환영받을 것이다.

이것을 알라. 마귀도 그의 천사들도 지옥에서 사람들을 고문하지 않을 것이다. 사탄과 그의 귀신들 역시 고통당하는 자들 가운데 속할 것이다. 결코 그들이 고문을 하는 자들이 되지 않을 것이다[계 20:10].

유기(遺棄)의 장소

음부에서 나사로와 부자 두 사람 사이에는 건너갈 수 없는 큰 구렁텅이가 있었지만, 적어도 그들은 서로 말을 할 수는 있었다. 그러나 지옥에서는 그와 같은 대화의 기회가 있을 것 같지 않다. 우선 '아브라함의 품'이 그리스도의 승천 때에 곧바로 그가 계신 곳으로 옮겨졌다. 그리고 신약 성경에서 지옥에 있는 자들이 서로 의사소통을 할 수 있다는 암시가 전혀 나오지 않는다.

C. S. 루이스[C. S. Lewis]는 지옥은 고독의 장소이기 때문에 대화가 있지 않을 것으로 믿었다. 조나단 에드워즈[Jonathan Edwards]는 만약 불신자들이 서로 옆에 있다면 그들은 증오와 비난과 저주의 표현들로 서로에게 고뇌를 더할 뿐일 것으로 믿었다. 한 가지 우리가 확

신할 수 있는 것은 다른 사람들이 옆에 있는 것이 아무 위안도 되지 못할 것이란 점이다. 용서받지 못한 맹렬한 죄의 고통에 사로잡혀, 지옥에 있는 자들은 결코 다시 위로를 얻지 못할 것이다.

성경은 지옥에 있는 자들이 그리스도와 그의 거룩한 천사들 앞에서 고통당할 것을 가르친다 계 14:10. 그러나 비록 하나님이 의인들이나 천사들을 초청하여 그가 악인들에게 내리는 심판을 보게 하실지라도 시 46:8-9, 사 66:23-24, 계 19:17-21, 다른 사람들이 그 저주받은 사람들의 고통을 지켜볼 수 있는지 어떤지는 전혀 언급되지 않는다. 유명한 영국 설교가 찰스 H. 스펄전 Charles H. Spurgeon 은 이렇게 썼다. "만약 지옥에서 최악이 있다면, 그것은 천국에 있는 성도들을 보는 일일 것이다… 남편들아, 당신의 아내는 천국에 있는데 당신은 저주받은 자들 중에 있도다. 그리고 당신은 당신의 아버지를 보는가? 당신의 자녀는 보좌 앞에 있고, 하나님과 사람에게 저주받은 당신은 지옥에 있도다!"

만약 신자들이 이런 사건들을 증언한다면, 확실히 그들은 하나님이 시행하신 정의에 전적으로 동의할 것이다. 이때쯤 그들은 하나님의 관점에서 모든 일을 볼 것이기 때문이다. 따라서 의인들은 지옥에서 악인들의 운명을 충분히 알면서 천국의 복락을 누릴 수 있다.

비록 단테가 「지옥 The Inferno」을 쓸 때 자신의 많은 생각들을 당시의 미신들에 추가하였을지라도, 지옥의 현관에서 그가 읽은 표지는 성경이 가르치는 절망과 유기를 적절히 묘사하고 있다.

나는 재앙의 도시로 가는 길이다.

나는 버려진 사람들이 있는 곳으로 가는 길이다.
나는 영원한 슬픔으로 들어가는 길이다.

신성한 정의가 나의 건축자를 감동시켰다.
나는 신의 전능과 원초적인 사랑과 궁극적인 지성에 의해
여기에 세워졌다.

시간이 마모할 수 없는 요소들만
나 이전에 만들어졌고, 시간을 초월하여 나는 서 있다.
이곳에 들어오는 자여 모든 희망을 버리라.

조나단 에드워즈는 지옥에 있는 자들이 불꽃 가운데 수세대를 지난 후에 하나님이 그들을 동정하여 풀어주시리란 희망을 은밀하게 간직해도 좋을 근거가 전혀 없음을 지적했다. 그는 하나님이 백만 년이 지난 후에도 처음과 마찬가지로 그들을 풀어주고자 하는 마음을 전혀 갖지 않으실 것이라고 말한다. 에드워즈가 지옥에 대한 우리의 어떤 묘사도 단지 실재에 대한 희미한 그림자에 불과할 뿐이라고 말하는 것은 조금도 놀라운 일이 아니다.

영원한 장소
영원은 얼마나 긴가?
한 마리 새가 백만 년마다 한 번씩 땅에 와서 모래 한 알을 물고 먼 행성으로 간다고 상상해보라. 이런 속도라면 그 새가 한 줌의 모

래를 나르기까지 수천억 년이 걸릴 것이다. 이제 그 예를 확대하여, 그 새가 시카고 오크 스트리트 해변$^{Oak\ Street\ Beach}$과 세계의 다른 수천 개 해변을 옮긴다면 시간이 얼마나 오래 걸릴지 생각해보라. 그 후에 그 새는 산과 지구의 표면을 옮기기 시작할 수 있을 것이다.

그러나 그 새가 지구 전체를 멀리 떨어진 행성에 다 옮길 무렵에도, 영원은 공식적으로 시작되지 않을 것이다. 엄격히 말해, 무한한 무엇의 시작을 말할 수는 없다. 시작이란 끝을 함축하기 때문이다. 다시 말해, 그 새가 자신의 일을 다한 후에도 영원에 있는 자들은 그들의 고통을 완화하는 쪽으로 한 걸음도 더 나아가지 못할 것이다. 영원에 반^半과 같은 것은 없다.

우리의 정신을 번쩍 들게 하는 것은 앞의 이야기에 언급된 그 부자가 그토록 필사적으로 갈구하던 물 한 방울을 아직도 얻지 못했다는 사실이다. 당신이 이 책을 읽는 지금도 그는 여전히 불못에 던져질 최후의 심판을 기다리고 있다. 영원은 영원히 지속된다.

쉽게 갈 수 있으나 출구가 없는 장소

지옥에 가기는 매우 쉽다. 우리를 구원하실 수 있는 유일한 분 그리스도를 무시하기만 하면 된다.

앞에서 우리가 인용한 적이 있는 조나단 에드워즈는 어떤 신학자보다 지옥의 교리를 강조했다. 그의 설교 '진노한 하나님의 수중에 있는 죄인들'은 청중을 사로잡았으며, 지옥 교리에 대해 사람들이 가질 수 있는 어떤 반대나 변명도 여지없이 박살내었다. 그는

지금 살아 있는 자들 가운데 하나님이 이미 죽어서 지금 음부에_{그는}
_{음부를 지옥으로 불렀다} 있는 자들보다 더 진노할 일부 사람들이 있다고 지
적했다. 그들을 무저갱에 던져넣지 않는 것은 오직 하나님의 긍휼
때문이다.

> 악인들을 어떤 한 순간에라도 지옥에 넣지 않는 것은 오직 하나님의
> 선하신 뜻 때문이다… 하나님의 능력이 부족하여 악인들을 한 순간
> 에 지옥에 던져넣지 못하시는 것이 아니다… 그들은 지옥에 던져넣
> 어 마땅하기 때문에, 하나님의 정의가 결코 문제가 되지 않는다… 그
> 들은 현재 지옥의 고통들에서 표현된 그 동일한 분노와 진노의 대상
> 들이다. 그렇다. 하나님은 지옥의 불 속에 있는 사람들보다 땅에 있
> 는 많은 사람들에게, 이 책을 읽으면서도 태평한 사람들에게 훨씬 더
> 진노하고 계시다.
>
> 회심하지 않은 사람들은 썩은 덮개로 덮인 지옥의 구덩이 위를 걸어
> 다니는 것과 같다. 이 덮개는 너무 약하여 그들의 무게를 지탱하지
> 못할 장소들이 무수하나, 그것들은 가리워져 보이지 않는다… 하나
> 님의 진노의 불꽃이 타오르는 무서운 구덩이가 있다. 지옥의 넓은 입
> 구가 활짝 열려있다. 딛고 설 발판도, 붙잡고 매달릴 아무것도 없다.
> 지옥과 당신 사이에는 단지 허공뿐이다. 당신을 붙들어주는 것은 오
> 직 하나님의 능력과 선하신 뜻뿐이다… 당신에 대한 그의 진노가 불
> 탄다. 그는 당신을 불 속에 던지는 것 외에 아무 가치가 없다고 여기
> 신다… 당신은 가는 줄에 매달려있고, 거룩한 진노의 불꽃은 그 주위
> 에서 번쩍이며 한 순간에라도 그것을 불사를 준비가 되어있다.[6]

무시무시하다!

만약 이번 장을 읽으며 당신이 놀랐다면, 좋은 소식이 있다. 그것은 당신이 지옥을 피할 수 있도록 하나님이 그리스도를 믿고자 하는 소원을 주시면 당신이 그렇게 할 수 있다는 것이다. 실제로 성경은 말한다. "아들을 믿는 자에게는 영생이 있고 아들에게 순종하지 아니하는 자는 영생을 보지 못하고 도리어 하나님의 진노가 그 위에 머물러 있느니라"요 3:36. 감사하게도 피할 길이 있다. 우리는 다가올 진노에서 영원히 보호될 수 있다.

---

6. Warren Wiersbe, Treasury of the World's Great Sermons(Grand Rapids: Kregel, 1977), 198-205.

제 7 장
당신을 위해 커튼이 열릴 때
자살 | 하나님의 섭리에 대한 믿음 | 어떻게 죽음을 맞이해야 하는지에 대한 교훈

중동 지방의 우화에서, 한 바그다드 상인이 하인을 심부름으로 시장에 보냈다. 그 하인이 볼일을 마치고 시장을 떠나려고 막 모퉁이를 돌았을 때, 그는 뜻밖에 죽음의 여신을 만났다.

그녀의 얼굴 표정에 너무 놀라 그는 황급히 집으로 돌아왔다. 그리고 주인에게 일어난 일을 말한 다음, 죽음의 여신으로부터 가능한 한 멀리 떨어지기 위해 주인의 가장 빠른 말을, 밤이 되기 전에 수메라까지 그를 데려다 줄 수 있는 말을 빌려달라고 부탁했다.

같은 날 오후에 그 상인이 직접 시장에 갔다가 죽음의 여신을 만났다. "왜 오늘 아침에 내 하인을 놀라게 했지?" 그가 물었다.

"내가 네 하인을 놀라게 했다니… 놀란 것은 바로 나야." 죽음의 여신이 대답했다. "오늘 밤 나는 수메라에서 그와 만나기로 약속이 되어있는데, 오늘 아침에 그를 바그다드에서 보았으니 놀랄 수밖에."

당신과 나는 지켜야 할 약속이 있다. 어쩌면 약속 장소는 런던이나 타이페이, 시카고일 수 있다. 그곳이 어디든지 그 약속은 우리가 어길 수 없다. C. S. 루이스^{C. S. Lewis}가 말한 대로, 죽음에 대한 통계 수치는 매우 인상적이다. 지금까지 그것은 열이면 열, 모두에게 예외가 없다.

암과 사고와 수많은 다른 질병들이 우리를 삼킬 기회를 엿보고 있다. 죽음은 콘크리트 바닥에 전구가 떨어지기를 기다리는 것과 같이 우리를 기다린다. 최초로 죽은 사람은 최초의 죄인 아담이 아니었다. 살인자 가인도 아니었다. 그것은 의인 아벨이었다. 어떤 익살스런 장의사가 자신이 쓰는 모든 서신의 맺음말을 '미래의 당신의 장의사 드림'이라고 쓴다는 말을 들을 때 우리는 쓴웃음을 지을 수밖에 없다.

자살에 의한 죽음

때때로 죽음에 앞서는 고통이 너무 견디기 어렵다고 느껴질 때 많은 사람들은 고통이 적은 방법으로 죽음에 이르기를 원한다. 자살하는 방법을 설명하는 책들이 불티나게 팔린다. 점점 더 많은 사람들이 현대 의학의 치료와 그 결과에 맡기기보다 '자신의 운명을 스스로 조정하기를' 원한다. 사람들은 '품위있게 죽는 것'이 자신들의 권리라고 말한다.

엄격히 말해서 아무도 '품위있게 죽지' 않는다. 죄가 세상에 들어온 이래 죽음은 언제나 가장 큰 굴욕으로 우리의 유한성을 확증하고, 우리 몸이 재로 바뀐다는 변하지 않는 사실을 증명해왔다.

예수님 자신도 벌거벗겨진 채로, 예루살렘 성 밖에서 사람들이 쳐다보는 가운데 십자가에 달리셨다. 우리는 대중 앞에서 그와 같이 수치스러운 죽음을 죽지 않아도 될 것을 감사할 수 있으나, 그럼에도 죽음은 결코 아름답지 않다.

죽음을 인위적으로 재촉하는 것을 옹호하는 또 다른 주장은 의학 기술이 인위적으로 생명을 연장하였다는 것이다. 고통을 겪기보다, 우리는 이제 환자들의 '자기 구원'을 돕는 것을 의무로 여기는 의사들에게 호소할 수 있다.

여기서 안락사나 존엄사의 정당성을 논의하려는 것은 아니다. 다만 우리가 예상할 수 있는 것은 연로한 사람들이 의료비를 줄이고 가족들을 편하게 하기 위해 모든 것을 끝내야 한다는 생각으로 압력을 받게 될 것이란 점이다. 죽을 수 있는 권리가 매우 빨리 죽어야 하는 책임으로 바뀔 수 있다.

무슨 이유에서든 자살을 택하는 사람들은 죽음이 끝이 아니라 영원한 존재로 가는 문이라는 점을 기억해야 한다. 슬프게도 죽는 고통을 견딜 수 없어 자살을 선택한 몇몇 이들은 땅보다 훨씬 더 끔찍한 곳에서 깨어날 것이다. 우리는 하나님의 손이 주시는 죽음을 환영해야 하지만, 그 손을 억지로 잡아당겨서는 안 된다.

최근에 어떤 목사가 자살을 했다. 그는 수년 동안 복음을 설교했으며, 수백 명은 아니더라도 수십 명은 족히 그의 사역을 통해 회심했다. 그럼에도 그는 스스로 머리에 총을 쏜 채 잔디 위에 죽어 있었다.

그리스도인들도 _{진정한 그리스도인들도} 때로 자살한다. 나는 그와 같은 이들은 하나님의 은혜로_{이것은 우리 모두가 그곳에 이를 수 있는 유일한 길이지만} 천국에 간다고 믿는다. 물론 자신의 목숨을 스스로 끊는 사람들은 실패자로 죽는다. 그들의 마지막 행동은 바로 그들 자신의 생명에 대한 살인이다. 그러나 그들이 그리스도를 통해 하나님의 보호 아래 들어왔기 때문에, 그들은 천국 문으로 인도될 것이다.

목사인 나는 자주 자살을 꿈꾸는 사람들로부터 전화를 받는다. 그들은 자신들이 자살을 할지라도 천국에 간다는 것을 내가 보증해주기를 원한다. 나는 그들에게 다른 선택이 있다는 것을 말한다. 자살은 결코 어려움을 벗어나는 명예로운 방법이 아니다. 우리의 필요가 무엇이든, 그리스도는 우리에게 삶의 곤란들을 타개해나갈 자원들을 주셨다. 그것은 때때로 어려운 선택을 해야 하는 것을 의미할 수도 있으나 피할 길은 있다. 둘째로 _{이것은 중요하다} 저편에서 만사가 잘되리라는 전제 위에 자살을 하는 것은 주제넘은 짓이다. 우선, 스스로 자신을 그리스도인으로 말하는 많은 사람들이 사실은 그리스도인이 아니다. 따라서 그들에게 있어 자살은 영원한 고통으로 가는 문이다. 또 하나, 우리는 그리스도에게 우리가 이 땅에서 산그리고 죽은 방식에 대해 설명해야 한다. 비록 그리스도가 우리의 죄를 우리 앞에 일일이 나열하지는 않을지라도, 우리의 삶은 면밀하게 검토될 것이다. 그리스도가 우리의 이름을 부르시기 전에 우리가 그를 본다는 것은 말이 되지 않는다.

하나님의 섭리에 대한 믿음

1994년 11월 8일, 스콧 윌리스 Scott Willis 목사와 그의 아내 자넷 Janet 이 그들의 아이들 9명 중에 6명을 데리고 밀워키 부근의 94번 고속도로로 여행을 하는 중 앞에 가던 트럭에서 금속조각 하나가 떨어졌다. 스콧는 달리 피할 방도가 없이 그 금속조각 위를 지나갈 수밖에 없었다. 그 결과 차여행용 주거 차 – 역주 뒤에 달린 가스 탱크가 폭발하여 아이들 가운데 5명이 화염 속에서 즉사하고, 막내 아들 벤자민은 두어 시간 후에 죽었다.

스콧과 자넷은 화상을 입었으나 차 밖으로 나올 수 있었다. 그곳에 서서 아이들이 불 속에 죽은 것을 바라보면서 스콧이 자넷에게 말했다. "이것은 우리가 각오한 순간이에요." 이 부부가 슬픔을 극복한 이야기는 미국과 세계 전역에 전해졌다. 이 비극의 깊은 슬픔을 지나는 동안 그리스도가 그들과 동행하셨다.

"매일 아침 깨어날 때마다 우리는 이 날도 하루 더 하나님의 신실하심을 입증할 날이라고 말합니다. 매일 저녁 우리는 이제 우리

아이들을 볼 날이 하루 더 가까워졌다고 말합니다." 자녀들을 하나님의 선물로 이해한 이 부부의 간증은 이토록 놀랍다. 하나님이 그 아이들을 돌려받기 원하실 때, 하나님은 그들을 데려가실 권리가 있다. 누구보다도 구약의 족장 욥은 이 점에 동의할 것이다.

우리는 월리스 가족이 사고를 당했다고 말한다. 그러나 하나님의 시각에서 볼 때, 이것은 그의 섭리가 아니었을까? 나는 그의 섭리라고 믿는다. 우리가 사고로 부르는 것이 하나님께는 잘 계획된 사건일 수 있다.

그 우연들, 그 사고를 일으키는 데 기여한 모든 사건들을 생각해보라. 이렇게 말이다. "만약 그들이 아침에 몇 분만 일찍 또는 몇 분만 늦게 출발했더라면…" 또는 "만약 그 트럭이 그 고속도로에서 몇 초 일찍 또는 몇 초 늦게 가고 있었더라면…" 어떤 이는 "그 금속조각이 좀 더 일찍 또는 좀 더 늦게 떨어졌더라면…" 또는 "그것이 차도 한 중앙이 아니라 옆의 도랑으로 떨어졌더라면…"이라고 생각할 수도 있다.

조금만 애써도 우리는 많은 '…했더라면 if only'을 생각해낼 수 있다. 결국 많은 상황들이 바로 그 시간과 바로 그 장소로 수렴되지 않았더라면 이 사고는 일어나지 않았을 것이다.

어떤 장례식에서든 들려오는 대화에 귀를 기울여보라. 당신은 몇몇 사람들이 '…했더라면 좋았을텐데…' 라고 말하는 것을 쉽게 들을 수 있을 것이다.

"우리가 조금만 더 일찍 의사를 불렀더라면…"

"고속도로가 빙판만 아니었더라면…"

"종양을 일찍 발견만 했더라면…"

"수술만 받았더라면…"

"수술만 받지 않았더라면…"

그 '…했더라면'에 동그라미를 치라. 그 다음 그것을 '하나님의 섭리'로 바꾸어보라. 그리스도인은 하나님이 우리의 '…했더라면'보다 크신 분이심을 믿는다. 그의 섭리의 손길은 좋은 날들 뿐 아니라 나쁜 날들까지 우리 삶 전체를 감싼다. 사고란 우리의 어휘지, 하나님의 어휘는 아니다.

사고와 건강 악화 또는 심지어 원수의 손에 죽는 것까지 하나님은 그의 자녀들을 집으로 데려가시기 위해 모든 수단을 사용하신다. 우리가 그분의 돌보심에 우리 자신을 맡기는 한, 우리는 그의 시간표에 따라 죽는 것을 확신할 수 있다. 우리가 외부의 사건들을 통제할 수는 없다. 그러나 임의로 일어난 듯이 보이는 사건들에 반응하는 우리의 자세에 대해서는 우리가 책임을 져야 한다. 하나님은 우리를 데려가시기 위해 그가 원하시는 어떤 병거라도 보내실 수 있는 것이다.

마르다와 마리아 역시 그들의 '…했더라면'을 가지고 있었다.^{요 11:1-44} 그의 친구 나사로가 아프다는 말을 들으시고도, 그리스도는 계시던 곳에 이틀을 더 머무셨다. 그것은 그가 베다니에 도착할 무렵 이미 나사로가 죽어 장사되게 하기 위함이었다. 주님이 오셨을 때, 그 자매들은 자신들의 불평을 토해냈다. "주께서 여기 계셨더라면 내 오라버니가 죽지 아니하였겠나이다." 그러나 그리스도는 나사로가 하나님의 뜻 안에서 죽은 것을 그들이 알기를 원하셨다. 나사로는 하나님의 계획표에 따라 죽은 것이었다.

"우리가 그때 알기만 했더라면 사정이 달라질 수 있었을 것을…." 탄식함으로써 얻어지는 것은 아무것도 없다. 어떤 여자는 죄의식 때문에 남편의 무덤을 14년 동안 매일 아침 찾아갔다고 한다. 그 여자가 우겨서 남편과 함께 음악회에 갔는데, 돌아오는 길에 사고를 당하여 남편이 죽었다. 그러나 그와 같은 그릇된 죄의식은 하나님에게서 오는 것이 아니라, 자아에서 생겨나는 것이다. 우리는 그 여자와 같아야 할 필요가 없다.

그 여자가 우리는 단지 인간에 불과하며 오직 하나님만이 신이신 사실을 기억하였더라면, 많은 슬픔에서 자신을 구할 수 있었을 것이다. 그녀는 그날 저녁 그 사고가 일어나리란 것을 예견할 수 없었다. 우리 모두 때로 우리의 배우자들이 가고 싶어하지 않는 곳을 가도록 우긴 적이 있다. 그리고 우리 모두 비슷한 운명을 겪을 수 있다. 우리는 하나님이 우리의 실수보다 크신 사실을 알아야 한다. 하나님은 고속도로를 달리는 트럭에서 아무렇게나 떨어지는 금속 조각보다 더 위대하시다. 우리는 우리의 통제를 완전히 벗어나는 사건들이 확고하게 그분의 손 안에 있다는 사실을 기억해야 한다.

26살의 리나 샌델 버그 Lina Sandell Berg 는 아버지와 함께 배를 타고 스웨덴의 베테른 Vattern 호수를 지나 고텐부르크 Gothenburg 로 가고 있었다. 그런데 배가 예기치 않게 갑자기 기우는 바람에 신실한 그리스도인이던 리나의 아버지가 배에서 떨어져 딸이 보는 앞에서 익사했다. 그녀는 찢어지는 마음으로 노래를 지었는데, 많은 사람들이 그 노래를 부르며 감동을 받는다. 그 가사의 모든 구절에서, 우리는 그녀가 아버지의 죽음이 하나님의 보호와 사랑의 돌보심 가운데 있었음을 확신하는 것을 발견할 수 있다.

날마다 숨쉬는 순간마다
내 앞에 어려운 일 보네.
주님 앞에 이 몸을 맡길 때
슬픔 없네 두려움 없네.

주님의 그 자비로운 손길
항상 좋은 것 주시도다.
사랑스레 아픔과 기쁨을
수고와 평화와 안식을.

날마다 주님 내 곁에 계셔
자비로 날 감싸주시네.
주님 앞에 이 몸을 맡길 때
힘 주시네 위로함 주네.

어린 나를 품에 안으시사
항상 평안함 주시도다.

내가 살아 숨을 쉬는 동안
살피신다 약속하셨네.

리나는 많은 사람들이 단순히 바람에 기울어진 배 탓으로 돌릴 아버지의 죽음을 하나님의 사랑의 돌보심 아래서 일어난 일로 확신했다. 그러므로 그녀는 "어린 나를 품에 안으시사 항상 평안함 주시도다"라고 쓸 수 있었다. 이 사건을 하나님의 잔인한 방관으로 보기는커녕, 그녀는 하나님의 사랑으로 가득한 보호의 한 표현으로 보았다. 인간의 시각에서 볼 때 리나의 아버지는 뜻하지 않게 높이 인 파도 때문에 죽었으나, 하나님의 시각에서 그는 하나님이 그를 집으로 데려가시기 위해 죽었다.

우리가 죽을 시간이 다가올 때, 우리는 커튼을 열고 들어갔다가 돌아와 저편에서 일어날 일을 우리에게 말해주는 사람으로부터 위안을 받을 수 있다. 그리스도는 우리 모두에게 확실히 닥칠 그 최후의 시간을 우리가 어떻게 맞아야 할지 보여주시는 최고의 모범이시다. 그가 죽으신 것은 우리로 하여금 승리하며 죽을 수 있게 하기 위함이었다.

어떻게 죽음을 맞이해야 하는지에 대한 교훈

우리는 신자가 죽은 경우, "그가 떠났다"고 말할 필요가 없다.

오히려 우리는 그가 이제 집에 '돌아갔다'고 말할 수 있다. 천국은 그리스도인의 최종 목적지다. 그리스도 덕분에 우리는 사망의 두려움에서 자유할 수 있다. 우리는 그 최후의 시간을 어떻게 맞이해야 하는지 우리에게 모범을 보여주신 그리스도에게서 위로를 받을 수 있다.

그는 죽음의 공포를 천국의 소망으로 이기셨다

그리스도는 슬픔과 기쁨이 뒤섞인 채 죽으셨다. 겟세마네 동산에서 그가 하신 말씀을 들어보라. "내 마음이 매우 고민하여 죽게 되었으니 너희는 여기 머물러 나와 함께 깨어 있으라"마 26:38. 그러나 제자들은 잠이 들었고, 주님 혼자 성부 하나님께 간구했다. "내 아버지여 만일 내가 마시지 않고는 이 잔이 내게서 지나갈 수 없거든 아버지의 원대로 되기를 원하나이다"42절.

그는 세상의 모든 죄를 져야 할 것을 생각하며 고민하셨다. 그는 곧 간음과 도박과 살인의 합법적인 죄인이 될 것이었다. 죄를 담당한 자로서, 그는 인격적인 거룩함이 죄의 더러움과 접촉하게 될 것을 아셨다. 그를 기다리고 있는 그 정신적 충격과 씨름하면서 죽을 지경에 이르기까지 슬퍼하셨다.

그러나 거기에는 소망도 있었다. 그의 임박한 죽음은 아버지께로 돌아가는 문이었다. 그것은 승리로 가는 길이었다. 겟세마네 동산에 오르시기 전에 그는 이렇게 말했다. "아버지여 창세 전에 내가 아버지와 함께 가졌던 영화로써 지금도 아버지와 함께 나를 영화롭게 하옵소서"요 17:5. 또 다른 곳에서 성경은 그가 "그 앞에 있는 기쁨을 위하여 십자가를 참으사 부끄러움을 개의치 아니하시더니 하나님 보좌 우편에 앉으셨느니라"고 말한다히 12:2. 단기적으로 고통이 있었으나, 장기적으로는 영광과 기쁨이 있었다.

우리는 염려함으로 죽음을 맞는 것에 대해 죄의식을 가질 필요가 없다. 이는 그리스도 자신도 십자가의 공포가 있기 전날 밤 고민하고 슬퍼하셨기 때문이다. 그러나 두려움뿐 아니라 위로도 있었다. 그의 마음에 기쁨과 슬픔이 공존했다. 죽음은 결국 그리스도와 우리 모두를 위한 아버지 하나님의 뜻이었다.

암으로 죽은 어떤 경건한 아버지에 대해 그의 딸이 이렇게 말했다. "돌아가실 즈음에 아버지는 땅에서보다 천국에서 더 많은 시간을 보내셨어요." 만약 우리가 즉각적인 마음의 애통을 넘어 마지막에 있는 영광을 볼 수 있다면 거기에는 기쁨이 있다. 그 떠남은 비통하나 그 도착은 기쁨으로 넘친다.

그는 하나님이 계획하신 모든 일을 이루고 죽으셨다

그가 배신당하던 날 밤, 그리스도는 제자들과 함께 유월절 음식을 잡수시기 원하셨다. "유월절 전에 예수께서 자기가 세상을 떠나 아버지께로 돌아가실 때가 이른 줄 아시고 세상에 있는 자기 사람들을 사랑하시되 끝까지 사랑하시니라"요 13:1. 이 때를 핵심으로 겟세마네 동산의 고민과 유다의 배신과 십자가 처형이 압축되어 있다. 그런데 흥미롭게도 이 전에 세 번이나 성경은 "그의 때가 아직 이르지 아니하였음이러라"고 말한다요 7:30, 8:20. '그의 때'가 이르기 전까지 원수들은 그를 잡을 수 없었다.

무엇이 그리스도를 지탱해주었는가? 성경은 말한다. "저녁 먹는 중 예수는 아버지께서 모든 것을 자기 손에 맡기신 것과 또 자기가 하나님께로부터 오셨다가 하나님께로 돌아가실 것을 아시고 저녁 잡수시던 자리에서 일어나 겉옷을 벗고 수건을 가져다가 허리에 두르시고"요 13:3-4. 그는 하나님이 정하신 때에 땅에 오셨고, 이제 그 계획표에 따라 돌아가실 참이었다. 하나님이 계획하신 시간보다 더 일찍 그리스도가 죽으실 가능성은 조금도 없었다.

그리스도는 십자가형을 당한 대부분의 다른 사람들보다 더 빨리 죽으셨다. 군병들은 그가 '이미 죽은 것을 보고' 그의 다리를 꺾지 않았다요 19:33. 그는 유월절 양을 잡는 시간인 오후 3시에서 6시 사이에 죽으셨다. 하나님이 계획하신 시간에 죽으셨다. 그것은 그가 진실로 '세상 죄를 지고 가는 하나님의 어린 양' 이신 것을 기막히게 일깨운다.

그는 겨우 33살이셨다. 그것은 오늘날의 기준에서나 고대 근동 문화의 기준에서나 젊은 나이였다. 그가 53살까지 살아서 병자들을 더 많이 고치고, 제자들을 더 많이 훈련시키며, 하나님의 사랑을 무리에게 더 많이 가르칠 수 있었더라면 더 낫지 않았을까? 요즘 사람들이 생각하는 것과 마찬가지로, 확실히 당시의 사람들도 악인들은 장수를 누리는 데 비해 의인들은 요절하는 것을 의아해 했을 것이다.

그렇다. 심지어 십자가 형마저도 하나님의 선한 계획의 일부였다. "과연 헤롯과 본디오 빌라도는 이방인과 이스라엘 백성과 합세하여 하나님의 기름부으신 거룩한 종 예수를 거슬러 하나님의 권능과 뜻대로 이루려고 예정하신 그것을 행하려고 이 성에 모였나이다"행 4:27-28. 그들은 하나님의 괘종이 칠 때까지 행동할 수 없었다. 그 '때'가 와야 했다.

그리스도는 젊어서 죽으셨으나, 자신의 할 일은 다 이루셨다. 하나님이 우리를 위해 계획하신 모든 일을 이루기 위해 우리가 반드시 오래 살아야 할 필요는 없다. 몇몇 하나님의 가장 훌륭한 종들은 이른 나이에 죽었다. 그러나 그것은 우리의 관점에서 이른 것이었지, 하나님의 관점에서는 적절한 때였다. 그들 역시 하나님이 그들에게 주신 일을 다 이루었다.

어린아이의 죽음은 그가 성취의 기쁨을 누리기도 전에 하나님이 생명을 앗아가시기 때문에 조롱하시는 것같이 보이기도 한다. 융Jung이 말한 대로, "그것은 문장이 끝나기도 전에 마침표를 찍는 것과 같다." 그러나 어린아이의 짧은 생도 하나님의 뜻을 성취할 수 있다. 비록 우리가 그것을 이해하지 못할지라도, 그 어린 생명은 "하나님이 그에게 하도록 주신 일을 다 이루었다." 비록 지금은 천국에 있을지라도, 그 어린 생명은 그의 부모와 친척들의 삶 속에 자신의 사역을 계속해서 수행한다.

아우카Auca 인디언들 사이에서 선교 사역을 하다가 젊은 나이에 순교한 짐 엘리엇Jim Elliot은 말했다. "하나님이 천국에 사람들을 살게 하시는데, 그가 굳이 나이 든 사람들만 살도록 제한하실 필요가 있을까요?"

정말 그렇다. 전능자가 그의 어린양들 가운데 하나를 취하기 원하시거나 또는 전성기에 있는 종을 데려가기 원하신다면, 그는 그렇게 하실 권리가 있다. 우리가 그것을 잔인하게 여기는 것은 단지 우리가 그 어두운 커튼 뒤를 보지 못하기 때문이다.

물론 우리의 관점에서 볼 때, 우리는 그릇된 식습관이나 다른 부주의로 우리 자신의 죽음을 재촉할 수 있다. 그리고 때로 사람들은 고의적으로 다른 사람을 죽게 할 수 있다. 낙태한 여성들이나 사람을 죽인 강도들의 경우에, 하나님은 그들의 행위에 대해 책임을 물으신다.

그러나 우리는 신자가 악한 사람에게 살해된 때조차^{짐 엘리엇이 그 보기가 된다} 그는 하나님의 섭리하신 계획에 따라 죽었다고 담대하게 말하기로 하자. 시기한 종교 지도자들에 의해 무참하게 살해된 그리스도가 하나님의 계획대로 죽으신 것이라면, 왜 우리는 강도에게 총에 맞아 죽은 신자가 전능자의 보호를 받지 못했다고 생각해야 하는가? 차 사고, 심장마비, 암 이 모두는 하나님의 자녀들에게 천국의 문을 열어주기 위해 사용되는 수단들이다. 우리 죽음의 직접적인 원인은 우연도 독단도 아니다. 우리의 머리카락까지 헤아리시고 참새가 떨어지는 것까지 살피시는 분이 우리 모든 사람의 운명을 그의 사랑의 손으로 붙들고 계신다.

우리의 죽음은 그리스도의 죽음만큼 치밀하게 계획된다. 하나님이 우리에게 하도록 맡기신 일이 있는 한 악한 사람이나 질병, 사고나 그 어느 것도 우리를 죽이지 못한다. 믿음으로 하나님의 뜻 가운데 행하는 자들은 하나님의 계획표에 따라 죽는다.

이 사실은 우리에게서 그릇된 죄의식을 제거해준다. "길을 건너가도 돼요?"라고 묻는 어린 딸에게 건성으로 "그래"라고 대답했다가, 그 딸이 트럭에 치인 것을 본 어머니는 그녀의 어린 딸 역시 하나님의 섭리의 손 안에서 죽은 것을 이해해야 한다. 전능자가 그 교차로에 트럭이 조금만 일찍 혹은 조금만 늦게 오도록 할 수는 없었을까? 또는 그 어머니가 좀 지체하였거나 다른 시간에 그곳에 도착할 수는 없었을까? 이처럼 심지어 사고마저도 하나님의 섭리 안에서 일어난다.

때로 목회자들은 그리스도인 가족들에게 "하나님이 당신의 자녀를 데려가셨습니다"라고 말하기를 달가워하지 않는다. 어떤 사람들은 "암이 당신의 자녀를 앗아갔다"거나 또는 "술 취한 운전자가 당신의 자녀를 앗아갔다"라고 말하는 것을 더 낫게 여긴다. 그러나 그리스도인은 이런 직접적인 원인들 너머를 볼 수 있다. 그는 하나님이 질병을 통제하시고 악인을 제어하실 수 있다는 것을 안다. 죽음의 직접적인 원인은 여러 가지일 수 있으나, 궁극적인 원인은 오직 하나님이시다. 악인들이 그리스도를 십자가에 못박았다. 그러나 성경은 "여호와께서 그에게 상함을 받게 하시기를 원하사 질고를 당하게 하셨"다고 말한다.^{사 53:10}

우리는 하나님이 윌리스 가정의 여섯 아이들을 데려가셨다고 분명하게 말할 수 있다. 너무 늦게 암을 발견하여 치료를 받지 못한 그 여자도 하나님이 데려가셨다. 지나가는 차에서 난사된 총탄에 맞고 쓰러진 아이도 하나님이 데려가셨다. 그리고 언젠가 하나님은 당신과 나를 데려가실 것이다.

그는 하나님의 계획에 따라 죽으셨다

질병, 사고, 살해 등 죽음에 이르는 방법은 아주 다양하다. 또한 각 개인마다 그 상황은 다르다. 하나님의 계획에 의해서 그리스도는 십자가에서 죽으셔야 했다. 그것은 십자가가 바로 굴욕의 상징이며, 그가 하나님께 저주를 받은 것에 대한 분명한 표시였기 때문이었다. 그것은 품위 없는 죽음이었다.

위생적인 병원도 없었고, 피에 젖은 몸을 덮어줄 담요도 없었다. 그는 모든 사람이 보도록 벌거벗겨진 채 수치스럽게 죽었다. 오늘날 대부분의 사람들은 가능한 한 평화롭게 죽기 위해 많은 진정제를 사용한다. 그러나 몰약이 든 포도주를 받았을 때, 그리스도는 환경을 충분히 지각하실 수 있기 위해 그 고대의 진정제를 거절하셨다. 그는 죽음이 가져다주는 모든 공포를 그대로 맞이하셨다.

만약 우리가 죽는 때가 하나님의 섭리 아래 있다면, 그 수단도 마찬가지다. 예를 들어 그리스도는 베드로가 어떻게 그의 생을 마칠 것인지를 예언하셨다. "내가 진실로 진실로 네게 이르노니 네가 젊어서는 스스로 띠 띠고 원하는 곳으로 다녔거니와 늙어서는 네 팔을 벌리리니 남이 네게 띠 띠우고 원하지 아니하는 곳으로 데려가리라." 그 다음 요한은 덧붙인다. "이 말씀을 하심은 베드로가 어떠한 죽음으로 하나님께 영광을 돌릴 것을 가리키심이러라"요 21:18-19. 노년에 베드로는 십자가에 묶여 그의 팔을 벌렸고, 그리스도와 같이 똑바로 십자가에 못 박히는 것을 과분하게 여겨 거꾸로 달려 죽었다. 베드로가 죽을 방법을 그리스도께서 택하셨다는 것을 누가 부인할 수 있는가?

우리가 십자가에 달려 죽을 일은 거의 없을 것이다. 그러나 여기서 다시 우리는 궁극적인 선택이 하나님께 달려 있다는 것을 본다. 우리를 호출하시기 위해 하나님이 선택하신 짐꾼이 우리에게 와서 문을 두드리면, 그때는 바로 우리가 떠나야 할 시간이다. 우리는 그리스도가 하신 말씀으로 인해 감사한다. "몸은 죽여도 영혼은 능히 죽이지 못하는 자들을 두려워하지 말고 오직 몸과 영혼을 능히 지옥에 멸하실 수 있는 이를 두려워하라"마 10:28. 만약 우리가 하나님을 두려워한다면, 우리는 다른 아무것도 두려워할 필요가 없다.

그 호출이 올 때, 그것은 마치 음악회에 앉아서 음악을 즐기고 있는데 연주가 끝나기 전에 우리의 이름이 불리는 것과 같을 것이다. 그것은 마치 집을 짓고 있는데 우리가 그곳에 살지 못한다는 말을 듣는 것과 같을 것이다. 그러나 우리의 계획에 대한 이 예기치 못한 훼방은 우리를 우리의 영원한 집으로 인도할 것이다.

그는 올바른 목적을 위해 죽으셨다

그리스도의 죽음은 단순히 아름다운 생의 비극적인 종말이 아니었다. 하나님의 뜻 안에서 그의 죽음은 하나님이 선택하신 그의 백성을 위한 구속을 성취하셨다. 그리스도는 이 개개인들을 아버지 하나님이 그에게 주신 선물이라고 이렇게 말씀하신다. '세상 중에서 내게 주신 사람들' 요 17:6. 그가 '다 이루었다'고 부르짖으셨을 때 그 일은 완성되었다 요 19:30.

물론 우리의 죽음은 구속을 성취하지 않는다. 그러나 그것은 그리스도가 우리를 위해 이루신 그 구속을 우리가 경험하는 수단이다. 죽음은 우리가 이생의 한계와 고통을 떠나 천상의 영역에 들어갈 수 있는 문이다. 우리의 죽음 역시 하나님의 목적을 이룬다.

비록 우리가 현대 의학의 발전들에 감사할지라도, 신자들을 '더 높이 올라오도록' 부르시는 그 부르심에 응해야 하는 때가 온다. 그리스도인이 아플 때 우리는 너무도 자주 그의 병이 낫기를 기도한다. 그러나 그것이 그를 위해 간직된 기업에 그를 들어가게 하시는 하나님의 때가 아닌 것을 우리가 어떻게 확신할 수 있는가 벧전 1:4?

어떤 사람이 오래 살았고 회복의 희망이 거의 없을 때, 우리는 고통스러운 삶을 하루라도 더 연장시키기 위해 특별한 수단을 사용하기보다 단순히 그를 하나님께 의탁해야 한다. 우리가 죽는 날은 우리가 영화롭게 되는 날이다. 죽음은 장엄한 입구, 영원으로 활짝 열리는 문이다. 그것은 또 다른 자녀가 그의 본향 집으로 오도록 하나님의 때에 하나님의 방법으로 열릴 것이다.

그는 죽음을 하나님께 맡기셨다

죽음은 하나님이 구원하심을 신뢰하는 때가 될 수 있다. 그리스도의 마지막 말은 "아버지 내 영혼을 아버지 손에 부탁하나이다"였다 눅 23:46. 예수님은 그토록 열정적으로 사랑한 하나님 아버지께 그 자신을 맡기면서 죽으셨다. 우리 역시 우리의 영혼을 하늘에 계신 우리 아버지의 손에 맡기며 죽을 수 있다.

많은 그리스도인들은 그리스도가 하나님 아버지께 올라가시기 전에 지옥에보다 정확히 음부에 내려가셨다고 믿는다. 사도신경의 "그가 지옥에 내려가셨다"는 구절이 이 가르침을 뒷받침해준다 우리말 사도신경에는 이 구절이 포함되어 있지 않다 - 역주.

오순절 날 베드로는 시편 16편 10절을 인용하여 그리스도에게 적용했다. "이는 내 영혼을 스올에 버리지 아니하시며 주의 거룩한 자를 멸망시키지 않으실 것임이니이다" 행 2:27. 확실히 그리스도의 영혼은 음부에 가셨다. 그러나 우리는 하나는 의인들을 위해 다른 하나는 불의한 자들을 위해 음부에 두 지역이 있다는 것을 기억해야 한다. 그리스도가 의로운 쪽에 가셨다는 것은 그가 십자가에서 그의 옆에 달린 강도에게 하신 말씀에서 알 수 있다. "오늘 네가 나와 함께 낙원에 있으리라" 눅 23:43.

그리스도가 그 강도보다 먼저 죽으셨기 때문에 우리 주님은 그를 기다리고 계셨다. 그 낙원에서 그들은 다시 만났고, 이번에는 영원한 영광에 관해 이야기할 것이었다. 그 강도가 범한 죄는 그가 죽어가는 그리스도를 믿은 그 순간에 모두 사라졌다.

그 강도가 가진 믿음을 생각해보라. 인간적으로 말해 그리스도는 그 강도 자신보다 조금도 더 나아 보일 게 없었다. 십자가에서 고통으로 신음하는 그리스도는 결코 구세주로 보일 리 없었다. 그러나 그리스도에게는 그 강도의 주목을 끄는 무언가가 있었다. 아마 그는 골고다에서 그리스도를 만나기 오래 전에 그에 관한 말을 들었을 수 있다. 또는 그리스도가 하신 말씀과 그가 보여주신 태도가 범상치 않게 느껴졌을 수 있다. 그것이 무엇이든 그 강도는 믿고 구원받았다.

그러나 다른 한 강도는 그리스도를 거부하며 비난했다. "네가 그리스도가 아니냐 너와 우리를 구원하라"_눅 23:39_. 그는 단지 몸의 구원만 생각하였을 뿐, 영혼의 구원은 생각하지 못했다. 성경이 암시하는 대로 만약 그가 그와 같은 반항적인 태도로 죽었다면, 그는 낙원에서 그리스도를 만나지 못하였을 것이 분명하다.

그리스도가 음부에 가신 것은 우리를 대신하여 고통을 받기 위함이 아니었다. 신약 성경의 모든 가르침은 그의 고통이 그가 피를 흘린 십자가에서 일어났음을 강조한다. 거기서 우리의 빚이 갚아졌다. 그리스도의 영혼이 그의 몸을 떠났을 때, 그리스도는 그 회개한 강도와 더불어 하나님 앞으로 가셨다. 사흘 후에 그리스도는 영광의 몸으로 죽은 자 가운데서 부활하셨고, 후에 천국으로 승천하셨다.

그리스도의 죽음에 대해 우리가 이해한 것을 요약해보자. 직접적인 원인은 종교 지도자들의 분노와 이 부당한 사형을 집행하도록 도운 로마인들의 협조였다. 그러나 궁극적인 원인은 하나님이셨다. "여호와께서 그에게 상함을 받게 하시기를 원하사 질고를 당하게 하셨은즉" 사 53:10.

존 칼빈John Calvin도 죽기 전에 이와 동일한 확신으로 말했다. "주여, 주께서 나를 상하게 하셨으나 나는 그것이 주님의 손에서 오는 것이기 때문에 한없이 만족하나이다."

죽음은 그리스도인에게서 아무것도 빼앗을 수 없다. 건강, 부, 기쁨 이 모든 것들은 그 영혼이 하나님께 갈 때 훨씬 더 풍성해진다.

윌리엄 쿠퍼William Cowper는 그리스도가 구속하신 이야기와 회개한 강도의 이야기를 결합하여 다음과 같은 찬송을 지었다.

샘물과 같은 보혈은
임마누엘 피로다.
이 샘에 죄를 씻으면
정하게 되겠네.

저 도적 회개하고서
이 샘에 씻었네.
저 도적 같은 이 몸도
죄 씻기 원하네.

이후에 천국 올라가
더 좋은 노래로

날 구속하신 은혜를
늘 찬송하겠네.

미래의 우리 생명은 의사의 손에도, 질병의 손에도, 고속도로에서 우리 차와 나란히 달리는 음주 운전자의 손에도 달려있지 않다. 우리의 생명은 전능하신 하나님의 손에 있다. 그는 우리를 천국의 문 안으로 데려가시기 위해 위의 것들뿐 아니라 다른 어떤 수단도 사용할 수 있으시다.

어쩌면 오늘 우리 이름을 부르실 수도 있다.

제8장

내일 당신이 있을 곳을 오늘 아는 것

하나님이 요구하시는 것 | 확신

외국을 여행한 적이 있는 사람들은 여권의 중요성을 안다. 당신의 지위나 재능에 상관없이, 그 문서가 없으면 당신은 다른 나라에 입국하여 체제할 수 없다.

나는 지금까지 미국에 25년 넘게 살고 있지만, 여전히 캐나다 사람이다. 캐나다 여권을 가지고 있기 때문에, 나는 우리 가족이 여름 휴가를 캐나다에서 보내려 할 때 입국을 거절당할까봐 두려워하지 않는다. 미국 시민권을 가진 아내와 아이들은 캐나다 정부의 관용으로 입국하지만, 나는 정당한 법적 권리를 가지고 입국한다.

만약 우리가 가고 싶은 나라가 천국이라면, 우리는 그 나라에 들어갈 여권을 가져야 한다. 그 여권을 가진 사람들은 그들이 도착하기 오래 전부터 그 시민권을 누릴 수 있다. 바울은 이렇게 썼다.

"그러나 우리의 시민권은 하늘에 있는지라 거기로부터 구원하는 자 곧 주 예수 그리스도를 기다리노니" 빌 3:20.

사실, 구원받은 사람들은 그리스도와 함께 일으켜져서 이미 하늘에 앉은 것으로 성경은 말하고 있다 엡 2:6. 우리가 법적으로 그곳에 속하기 때문에, 우리는 그 국경을 지나는 데 싸움이 있을 것을 걱정할 필요가 없다. 중요한 것은 '열쇠를 가지신 이'가 알아볼 수 있는 자격증을 우리가 가지고 있는가 하는 것이다.

정당한 신임장 없이 당신이 천국에 갈 수 있다고는 한 순간도 생각하지 말라. 당신의 아내가 들어갈 권리가 있다고 해서, 당신도 그곳에 갈 수 있는 것은 아니다. 자녀가 이미 그곳에 있다고 해서, 당신도 그곳에 갈 수 있는 것은 아니다. 이것은 개개인의 문제다. 오직 제대로 된 문서를 가진 자들에게단 입국이 허용될 것이다.

이것은 하나님의 구체적인 승인 없이는 아무도 천국에 들어갈 수 없는 사실을 다르게 표현한 것이다. 물론 우리의 문제는 하나님이 우리를 있는 그대로 받지 않으실 것이라는 데 있다. 우리는 관용을 바라며 천국 문에 갈 수 없다. 일단 우리가 죽음의 커튼을 통과하면, 우리는 특별한 호의를 간청할 수 없다. 국경 저편에서는 비자가 발급되지 않는다.

하나님이 요구하시는 것

천국에 들어가기 위해 당신은 얼마나 완전해야 하는가? 대답은 간단하다. 하나님만큼 완전해야 한다. 실제로 만약 당신이 그만큼 완전하지 않다면, 천국에 들어가리라는 생각은 아예 하지 말라. 기독교는 언제나, 구교든 신교든, 우리가 그 문을 들어가기 위해서는 하나님만큼 완전해야 한다고 가르쳐왔다.

문제는 이것이다. 어떻게 우리 죄인들이 하나님만큼 완전할 수 있는가? 그 대답은 하나님이 우리에게 그의 모든 완전함을 주실 수 있다는 것이다. 그의 의가 우리 구좌에 이체될 수 있어서 우리는 죽자마자 중간에 멈추지 않고 곧바로 천국에 들어갈 수 있다.

그리스도가 십자가에서 죽으셨을 때, 그는 죄인들을 위한 제물이 되셨으며 하나님께서 그것을 받으셨다. 그리스도가 완전하셨음에도 불구하고, 하나님은 그로 하여금 우리의 모든 죄를 법적으로 담당하게 하셨다. 그 대가로 우리는 그의 의를 받는다. "하나님이 죄를 알지도 못하신 이를 우리를 대신하여 죄로 삼으신 것은 우리로 하여금 그 안에서 하나님의 의가 되게 하려 하심이니라" 고후 5:21.

얼마나 놀라운 은혜인가!

이것이 의미하는 바는 그리스도가 우리의 죄를 지셨을 때 그가 죄인으로 간주되셨다는 것이다. 반면에 우리가 그의 의를 받을 때 우리는 성도로 간주된다. 비록 우리 자신은 불완전할지라도, 우리는 '하나님의 의'로 간주된다. 하나님은 대단히 높은 기준을 갖고 계시지만, 감사하게도 그리스도가 우리를 위해 그 기준을 충족시켜 주신다.

어쩌면 당신은 그와 같은 선물을 받기에 너무 많은 죄를 지었다고 생각할 수 있다. 나는 당신이 하나님은 엄청난 죄인들도 구원하실 수 있다는 사실을 알기 바란다. 우리의 죄의 양은 문제가 되지 않는다. 하나님의 긍휼과 용서에서 우리를 단절하는 것은 바로 우리의 불신이다.

우리가 그리스도의 의를 받을 때, 또 다른 기적이 우리에게 동시에 일어난다. 하나님께서 우리에게 새 성품을 주시는 것이다. 그는 우리를 속에서부터 바꾸신다. 그리스도는 유대인 종교 지도자 니고데모에게 말씀하셨다. "진실로 진실로 네게 이르노니 사람이 거듭나지 아니하면 하나님 나라를 볼 수 없느니라" 요 3:3. 우리가 스스로 우리 자신을 거듭나게 할 수 없는 것은 명백하다. 그것은 오직 하나님이 우리를 위해 하셔야만 하는 일이다.

그 의의 선물과 내면에서의 새로운 성품을 받기 위해 우리는 무엇을 해야 하는가? 그 대답은 우리의 무기력함을 시인하고, 우리가 하나님의 긍휼에 의존한다는 사실을 인정하는 것이다. 그때 우리는 우리의 죄를 담당하신 자로서 그리스도를 전적으로 신뢰할 수 있다. 우리는 우리가 거룩하신 하나님 앞에 서기 위해 필요로 하는 모든 것을 이루신 분으로서 그를 믿어야 한다. 그리스도를 믿는다는 것은 이 땅에서의 삶과 오는 세계에서의 삶에서 우리에게 필요한 모든 것을 위해 그를 신뢰함을 의미한다.

우리가 영원을 하나님과 더불어 보낼 것을 우리는 얼마나 확신할 수 있는가? 우리는 죽음이 우리를 두렵게 하지 못할 만큼 확신할 수 있다. 그렇다. 거기에는 신비로움이 있다. 우리 모두는 육신을 떠나 다른 세상에서 깨어나는 것에 대해 염려한다. 그러나 그리스도를 믿을 때, 우리는 그가 우리와 함께 그 죽음의 커튼을 지나시는 것을 알 수 있다.

신약 성경에서 바울은 그리스도께 속한 자들은 그들이 천국에 갈 것을 확신할 수 있다고 가르쳤다. 몇몇 어려운 신학적 용어들이 나오기는 하지만, 당신은 이 구절에서 바울이 말하는 바를 이해할 것이다. "하나님이 미리 아신 자들을 또한 그 아들의 형상을 본받게 하기 위하여 미리 정하셨으니 이는 그로 많은 형제 중에서 맏아들이 되게 하려 하심이니라 또 미리 정하신 그들을 또한 부르시고 부르신 그들을 또한 의롭다 하시고 의롭다 하신 그들을 또한 영화롭게 하셨느니라" 롬 8:29-30.

우리는 이미 영화롭게 되었다. 사실 우리는 이미 천국에 있다. 하나님이 그의 자녀로 택하신 자들은, 즉 그가 미리 아시고 미리 정하신 자들은 의롭다 함을 얻고 그들의 천국 집에 안전하게 갈 것을 보장받는다. 도중에 아무도 길을 잃지 않는다. 하나님은 그들이 이미 영화로운 몸을 가지고 있다고 생각하신다. 이는 하나님은 '없는 것을 있는 것같이 부르시기' 때문이다 롬 4:17.

죽음을 맞는 사람들을 위한 또 다른 약속이 있다. 바울은 아무것도 하나님의 자녀들을 그의 사랑에서 끊을 수 없다고 말하고 있다. "내가 확신하노니 사망이나 생명이나 천사들이나 권세자들이나 현재 일이나 장래 일이나 능력이나 높음이나 깊음이나 다른 어떤 피조물이라도 우리를 우리 주 그리스도 예수 안에 있는 하나님의 사랑에서 끊을 수 없으리라"롬 8:38-39. 사망이나 생명이 더 이상 우리를 그리스도의 사랑에서 끊을 수 없다.

우리의 귀가 homecoming에 대한 그리스도의 태도는 어떠하신가? 신약 성경은 되풀이하여 그리스도는 '하나님의 우편'에 앉아 계신 것으로 말하고 있다. 그러나 한 곳에서 그의 종들 가운데 하나가 집으로 오는 것을 환영하시는 장면에서 그는 일어나 서 계신 것으로 언급된다. 스데반이 돌을 맞고 있었을 때, 그는 "성령 충만하여 하늘을 우러러 주목하여 하나님의 영광과 및 예수께서 하나님 우편에 서신 것을" 보았다 행 7:55.

이와 같이 앉아 계시던 하나님의 아들이 일어서서 이제 천국에 들어오려는 그의 종을 기다리셨다. 땅에서 신자의 죽음은 주목을 끌지 않을 수도 있으나, 천국에서 그것은 1면 톱 기사다. 하나님의 아들이 주목하신다. 그가 친히 우리를 맞이하실 것이다.

D. L. 무디 D. L. Moody는 임종 시에 천국을 얼핏 보았다. 잠에서 깨어나 그는 말했다. "땅이 물러가고 내 앞에 하늘이 열린다. 이것이 바로 죽음이라면 죽음은 너무나 감미롭다. 여기에는 아무 계곡도 없다. 하나님께서 나를 부르고 계시니 나는 이제 가야 한다."

존 번연 John Bunyan은 죽기 직전에 이렇게 말했다. "나를 위해 울지 말고, 여러분 자신들을 위해 우십시오. 나는 우리 주 예수 그리스도의 아버지께로 갑니다. 나는 비록 죄인이지만 하나님은 그의 복된 아들의 중보로 인해 나를 영접하실 것입니다. 거기서 우리는 다시 만나 새로운 노래로 노래하며 영원히 행복하게 살 것입니다."

　세익스피어 Shakespeare 의 연극에 나오는 햄릿의 말을 기억하는가? 그는 깊은 생각에 잠겨서 말했다. "사느냐, 죽느냐, 그것이 문제로다." 그는 삶을 견딜 수 없었기 때문에 자살을 생각하고 있었다. 그럼에도 그가 혹 이르게 될지 모를 곳을 떠올리며 계속해서 말한다.

　　어느 것이 정신에 더 고상한가?
　　광분한 운명의 돌팔매와 화살을 견디는 것인가?
　　고뇌의 바다에 대항해 무장하고
　　대적함으로 그것을 끝내는 것인가?
　　죽는 것, 잠자는 것,
　　더 이상 존재하지 않는 것 그리고 잠으로 우리는
　　육신이 물려받는 번민과 수천의 자연적 충격들을 끝낸다고 말한다.
　　그것은 경건하게 소원할 수 있는 하나의 완성이다.
　　죽는 것, 자는 것. 자는 것, 혹 꿈꾸는 것. 아, 문제가 있다.
　　이 속세의 번뇌를 벗어날 때,
　　그 죽음의 잠에서
　　우리가 무슨 꿈들을 꿀지 모르기 때문이다.

햄릿은 자살이 매력적이면서 동시에 혐오스러운 것을 발견한다. 만약 죽음이 그에게서 고뇌의 바다를 제거해줄 것이 확실하면, 그는 자살을 할 것이었다. 그러나 그는 '그 경계에서 아무 여행자도 돌아온 적이 없는 미지의 나라'를 두려워한다. 그가 현재 고뇌하는 것은 그를 기다릴 운명에 비교하면 유쾌한 것일 수도 있었다.

햄릿의 딜레마를 바울과 비교해보라.

그러나 만일 육신으로 사는 이것이 내 일의 열매일진대 무엇을 택해야 할는지 나는 알지 못하노라 내가 그 둘 사이에 끼었으니 차라리 세상을 떠나서 그리스도와 함께 있는 것이 훨씬 더 좋은 일이라 그렇게 하고 싶으나 내가 육신으로 있는 것이 너희를 위하여 더 유익하리라(빌 1:22-24).

햄릿은 말한다. "살든지 죽든지 나는 실패자다." 바울은 말한다. "살든지 죽든지 나는 승리자다."
그리스도께서 만드시는 이 엄청난 차이를 보라.

확신

여기에 당신이 기도할 수 있는 기도문이 있다. 이 기도는 당신이 영원한 구원을 위해 그리스도만을 믿기 원하는 당신의 마음을 표현한다. 이 기도는 당신과 하나님을 연결해줄 고리가 될 수 있다. 그리고 만약 당신이 믿음으로 기도한다면, 하나님은 당신을 받으실 것이다.

> 하나님 아버지,
> 저는 죄인이며, 제 자신을 구원하기 위해 제가 할 수 있는 일은 아무것도 없음을 고백합니다. 저는 제 자신의 죄를 용서할 수도, 스스로 천국에 들어갈 수도 없습니다. 지금 이 시간, 저는 십자가에서 돌아가신 그리스도만이 저의 죄를 씻으실 수 있는 것을 믿습니다. 제가 거룩하신 하나님 앞에 서기 위해 필요한 모든 일을 그가 하신 것을 믿습니다.
> 그리스도께서 죽은 자 가운데서 살아나셔서 제 자신의 부활에 대한 보증이 되신 것을 감사합니다. 저는 이제 마음을 다해 그리스도만을 믿기로 작정합니다. 저의 많은 죄와 허물에도 불구하고, 그리스도께서 저를 받으신다고 약속하신 것을 감사합니다.
> 아버지, 저는 아버지께서 하신 말씀을 믿습니다. 이제 주께서 저의 구세주이시므로, 제가 죽음을 두려워하지 않게 된 것을 감사합니다. 주께서 그 깊은 골짜기를 저와 동행하실 것을 확신합니다.
> 진심으로 감사드리며 예수님의 이름으로 기도합니다. 아멘.

여기에 천국에 들어가기 위해 그리스도만을 신뢰하는 모든 사람에게 주어진 약속들이 있다.

- 예수님께서 말씀하셨다. "나는 부활이요 생명이니 나를 믿는 자는 죽어도 살겠고 무릇 살아서 나를 믿는 자는 영원히 죽지 아니하리니"(요 11:25).
- 히브리서 저자는 썼다. "자녀들은 혈과 육에 속하였으매 그도 또한 같은 모양으로 혈과 육을 함께 지니심은 죽음을 통하여 죽음의 세력을 잡은 자 곧 마귀를 멸하시며 또 죽기를 무서워하므로 한평생 매여 종 노릇하는 모든 자들을 놓아주려 하심이니"(히 2:14-15).
- 바울은 물었다. "사망아 네가 쏘는 것이 어디 있느냐?"(고전 15:55).
- 요한은 우리를 확신시킨다. "또 내가 들으니 하늘에서 음성이 나서 이르되 기록하라 자금 이후로 주 안에서 죽는 자들은 복이 있도다 하시매 성령이 이르시되 그러하다 그들이 수고를 그치고 쉬리니 이는 그들의 행한 일이 따름이라 하시더라"(계 14:13).

우리는 하나님께서 다음 번에 부르실 사람이 누구인지 알지 못한다. 당신은 그때를 준비하고 있는가?

당신이 죽은 1분 후

1쇄 인쇄 / 1999년 11월 5일
개정판 1쇄 발행 / 2009년 2월 10일

지은이 / 어윈 루처
옮긴이 / 장미숙
펴낸곳 / (주)도서출판 디모데 〈파이디온선교회 출판 사역 기관〉

등록 / 2005년 6월 16일 제319-2005-24호
주소 / 서울 강남구 개포동 1164-21 파이디온 빌딩
전화 / 영업부 02)574-2630
팩스 / 영업부 02)574-2631
홈페이지 / www.timothybook.com

값 9,000원
ISBN 978-89-388-1391-6
Copyright ⓒ(주)도서출판 디모데 1999 〈Printed in Korea〉

인생을 변화시키는 디모데의 책들

십자가를 바라보다
예수님의 십자가를 깊이 경험하기

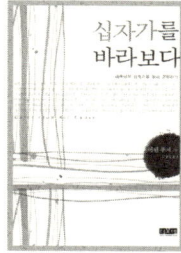

지금 우리는 십자가가 널리 오해되고 있는 시대에 살고 있다. 십자가에 대한 이해는 예수님의 육체적 고통에만 초점을 맞추거나, 흔들어야 할 깃발 정도로 편협하게 되어서는 안 된다. 이 책은 저자의 신학적 통찰력과 함께 영향력 있는 신앙 인물들의 십자가에 대한 이해를 바탕으로 우리가 십자가를 생생하게 경험하도록 해준다. 예수님의 영적 고뇌와 승리, 십자가에 담긴 신비와 그 장엄함에 대해 직면하게 만든다. 자신이 무가치하게 느껴질지라도 십자가를 바라봄으로 다시금 새롭게 영혼이 살아나는 것을 경험하며, 우리 자신의 십자가를 지는 것을 주저하지 않게 될 것이다.

어윈 루처 지음 | 김영길 옮김 | 224쪽 | 8,500원

예수님이 사랑한 세상의 모든 딸들
축복과 기적으로 채우시는 예수님, 오늘 내 삶에 찾아오시다

예수님은 여성들이 무가치하고 저능한 부류로 취급받던 신약 시대에 남녀 평등을 주장하셨을 뿐만 아니라 여자를 존귀한 존재로 지명하시고 그들을 친히 찾아가 거룩한 사역에 동참시키셨다. 이 책에는 비록 세상적으로는 불행한 삶을 살았지만, 예수님의 사랑을 받아들인 후 누구보다 큰 영적 회복과 축복을 누릴 수 있었던 여인들이 등장한다. 그리고 이들과 비슷한 고난을 겪고 있는 현대 여성들의 실례를 보여줌으로써 오늘날 여성들이 현실에서 어떻게 적용할 수 있을지를 알려준다. 또한 그것을 통해 이 땅의 모든 '여성들'을 보듬는 하나님의 진정한 은혜와 축복을 경험할 수 있도록 도와준다.

어윈 루처 & 레베카 루처 지음 | 유정희 옮김 | 296쪽 | 10,000원

인생을 변화시키는 디모데의 책들

하나님의 인생 레슨
삶은 우리에게 시련을 주지만 하나님은 우리에게 레슨을 주신다

하나님은 당신을 가장 소중하게 여기신다. 그분은 당신이 지금 처한 상황이 아무리 어렵더라도 당신의 삶 가운데 그 일들이 선한 결과로 드러나도록 사용하신다. 하나님은 당신이 겪고 있는 어떤 문제보다 더 큰 분이시다. 하나님이 당신의 삶을 더 아름답게 만드실 수 있다는 것을 믿으라. 그분은 인생의 가장 어려운 문제들에 대한 해답을 가지고 계시다.

릭 워렌 지음 | 김창동 옮김 | 248쪽 | 10,000원

당신의 삶을 변화시키는 하나님의 능력
당신은 자신의 어떤 부분을 변화시키고 싶은가?

변화하기 위한 능력은 어디서 찾을 수 있는 것인가? 우리를 가두고 있는 틀을 어떻게 깨뜨려야 하는가? 변화는 한꺼번에 갑자기 일어나는 것은 아니다. 시간이 걸린다. 그러나 하나님의 능력을 의지할 때 달라질 수 있다. 하나님은 우리의 삶을 변화시킬 수 있는 다이너마이트와 같은 강력한 힘을 주고 싶어하신다. 우리의 삶을 하나님의 손에 맡기고 그리스도의 부활의 능력을 의지한다면 어떤 것도 우리를 무너뜨릴 수 없다. 그것이 부활의 메시지며 복음의 핵심이다.

릭 워렌 지음 | 마영례 옮김 | 272쪽 | 10,000원